〔无障碍阅读珍藏版〕

孙子兵法 三十六计

〔春秋〕孙武 等 著

〔明〕无名氏 编

兵者，国之大事，死生之地，存亡之道，不可不察也。故经之以五事，校之以计，而索其情：一曰道，二曰天，三曰地，四曰将，五曰法。

〔一〕

"用兵如孙子，策谋三十六"，《孙子兵法》与《三十六计》代表着我国古代军事理论的最高水平。

國學經典

线装书局

图书在版编目（CIP）数据

孙子兵法·三十六计：无障碍阅读珍藏版：全 4 册 /（春秋）孙武等著；（明） 无名氏编． —北京：线装书局，2018.1

ISBN 978-7-5120-2995-8

Ⅰ．①孙… Ⅱ．①孙… ②无… Ⅲ．①兵法－中国－古代 Ⅳ．① E892.2

中国版本图书馆 CIP 数据核字（2017）第 296520 号

孙子兵法·三十六计 无障碍阅读珍藏版

作　　者：[春秋] 孙武 等　[明] 无名氏
责任编辑：姚　欣
出版发行：线装书局
　地　址：北京市丰台区方庄日月天地大厦 B 座 17 层（100078）
　电　话：010-58077126（发行部）010-58076938（总编室）
　网　址：www.zgxzsj.com
经　　销：新华书店
印　　制：北京潮河印刷有限公司
开　　本：710mm×1035mm　1/16
印　　张：52
字　　数：668 千字
版　　次：2018 年 1 月第 1 版第 1 次印刷
印　　数：0001—3000 册

线装书局官方微信

定　　价：196.00 元（全 4 册）

前 言

“用兵如孙子，策谋三十六”，《孙子兵法》与《三十六计》代表着我国古代军事理论的最高水平。它们所体现出的丰富的智慧和内涵，使其影响已远远超出军事学领域，不但为中外政治家、军事家学习和运用，而且被众多哲学家、文学家和企业家所借鉴，并成为人们日常生活的精神指导和成功指南。

《孙子兵法》的作者孙武，字长卿，孙子或孙武子都是对他的尊称。他是中国军事学的奠基人，古人称他为“兵圣”。孙武的生卒年月在历史上没有明确的记载，我们只知道他生于春秋晚期，出生地是齐国，活动于公元前6世纪末至公元前5世纪初，大约和孔子同时期。孙武从事军事活动是他由齐国到了南方的吴国以后，经吴国名将伍子胥推荐，和伍子胥一同辅助吴王治国练兵。当时，吴王阖闾非常欣赏孙武和他著成的兵法十三篇，想看看兵法十三篇的可操作性，于是集合了吴宫一百八十名宫女请孙武训练。被娇宠惯了的两个任队长的吴王宠姬，三令五申之后仍然嬉戏无度，不听号令。孙武随即严命斩首，吴王出来说情也无效，结果一百八十名宫女被训练得令行禁止，纪律严明。之后，孙武担负起吴国的军国重任，他率领吴军西破强大的楚国，北方与齐、晋抗衡，对吴国的崛起起了十分重要的作用。他所著的《孙子兵法》被喻为“兵经”“百世谈兵之祖”，历代兵学家、军事家甚至政治家无不从中汲取养料，曹操、唐太宗、宋仁宗、王阳明、张居正等都曾力主学习此书。在国外，人们对《孙子兵法》更是推崇备至。不少国家的军校把它列为教材，比如美国的国防大学、西点军校等就把《孙子兵法》列为战略学和军事理论的必读书。在商业领域，《孙子兵法》也是大放异彩，哈佛商学院将《孙子兵法》列为高级管理人才培训的必读教材，日本的“经营之神”松下幸之助更是将其奉为圭臬，他的经营思想中无不渗透着《孙子兵法》的军事精华。

《三十六计》是根据我国古代卓越的军事思想和丰富的斗争经验

总结而成的兵书，是我国古代兵家计谋的总结和军事谋略学的宝贵遗产。该书在20世纪40年代之前，未见诸任何文献记载，因此无法确切考证是何人何时所著。据很多学者称是南北朝时檀道济所著。“三十六计”一语，出自《南齐书·王敬则传》，《传》云：“檀公（道济）三十六策，走为上计，汝父子为唯应走耳。”意思是王敬则讽刺东昏侯父子，败局已定，无可挽回，唯有退却，才是上策。《三十六计》蕴含了丰富的军事斗争经验和卓越的军事思想，集“韬略”“诡道”之大成，素有兵法、谋略奇书之称，是古代兵家行军作战的决胜宝典。它蕴含着丰富的东方智慧，曾使中国历史多次被改写，并以独特的魅力影响着世界的政治、经济和军事，使世界无数政治家、企业家、军事家扬名于天下。法国海军上将科拉斯特称赞它是一本“小百科全书”，系统形象地描绘了“诡道的迷宫”，而日本人则称其为“运筹帷幄的诀窍”。它既是政治家、军事家的案头书，也是企业家与商人在商海中进退自如的法宝。

时至今日，《孙子兵法》与《三十六计》已以近30种文字在世界范围内广泛流传。本书将这两部经典著作合二为一，在原著基础上增设了注释、译文、名家品读、实用谋略和商业案例等栏目，在重现古典兵书原貌的同时，以现代视角对古典计谋进行全新解读。同时，为了帮助读者全面深入地理解这两部内容博大精深的著作，编者还精心绘制了精美插图，这些图分为战例示意图、战略解析图。战例示意图是随文列举历代最经典的战例，绘制成战争双方军力部署、进退虚实以及天候地理的情况，以实际战例加深读者对原著的理解。战略解析图是随文绘制的用《孙子兵法》与《三十六计》解析著名战役战略思想的系列图表，使读者更加直观地掌握这两部著作所蕴含的令人惊叹的谋略智慧。通过真实的人和事具体而微地学习《孙子兵法》与《三十六计》的用兵之道中所承载的普遍哲理。

科学简明的体例、充满智慧的文字、精美珍贵的图片、注重传统文化与现代审美的设计理念，多种视觉要素有机结合，打造出一个丰富的阅读空间，全面提升本书的欣赏价值和艺术价值。通过阅读本书，可以帮助读者在竞争日益激烈的当代社会里纵横捭阖、游刃有余，真正实现运筹帷幄之中，决胜千里之外。

目录

孙子兵法

孙子兵法

始计篇

【导读】

本篇一开始就揭示了战争的性质、意义和重要作用：“兵者，国之大事，死生之地，存亡之道，不可不察也。”全面探讨了决定战争胜负的基本条件“五事”“七计”，并阐述了“攻其无备，出其不意”的道理。

【原文】

孙子曰：兵者[①]，国之大事，死生之地，存亡之道，不可不察也。

故经之以五事[②]，校之以计而索其情[③]：一曰道，二曰天，三曰地，四曰将，五曰法。道者，令民与上同意也[④]，故可以与之死，可以与之生，而不畏危。天者，阴阳、寒暑、时制也[⑤]。地者，远近、险易、广狭、死生也[⑥]。将者，智、信、仁、勇、严也[⑦]。法者，曲制、官道、主用也[⑧]。凡此五者，将莫不闻[⑨]，知之者胜，不知者不胜。

故校之以计而索其情，曰：主孰有道？将孰有能？天地孰得？法令孰行？兵众孰强？士卒孰练？赏罚孰明？吾以此知胜负矣。

将听吾计[10]，用之必胜，留之；将不听吾计，用之必败，去之。

计利以听[11]，乃为之势，以佐其外[12]。势者，因利而制权也[13]。

【注释】

①兵：原指兵器。这里指战争。

②经之以五事：指从道、天、地、将、法这五个方面对制胜的条件和因素进行分析研究。经，度量、衡量。

③校（jiào）之以计而索其情：衡量敌对双方的各种条件，从中探求战争胜负的情形。校，通“较”，衡量、比较。计，指下文“主孰有道”等“七计”。

④令民与上同意：使民众与国君的意志相一致。

⑤阴阳：指昼夜、晴雨等天时气象的变化。寒暑：指寒冷、炎热等气温的波动。时制：指四季时令的更替。

⑥远近、险易、广狭、死生：指路程的远近、地势的险阻或平坦、作战场地的宽阔或狭窄、地形是否有利于攻守进退。

⑦智、信、仁、勇、严：指将帅的才能智谋、赏罚有信、爱护部属、勇敢果断、纪律严明等。

⑧曲制：指有关军队组织编制等方面的制度。官道：指有关各级将官的职责区分、统辖管理等方面的制度。主用：指有关各种军需物资后勤保障的制度。主，掌管。用，物资费用。

⑨闻：知道、了解。

⑩将听吾计：有两种解释：一说“将”是“听”的助动词，表示假设；一说“将”指将领。这里取第一种解释。

⑪计利以听：指有利的计策已经被采纳。计，这里指战争决策。以，同“已”。听，听从、采纳。

⑫佐：辅助。

⑬因利而制权：根据利害得失而掌握战场的主动权。

● 兵者，国之大事，死生之地，存亡之道

战争是国家的大事，关系到国家的生死存亡。所以，制定策略应对战争，才能保证战争胜利，国家昌盛。

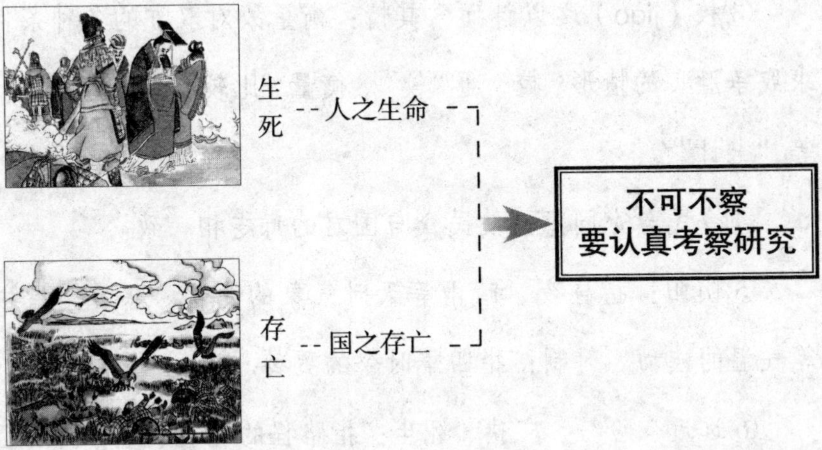

【译文】

孙子说：战争，是国家的大事，它关系到生死存亡，是不可以不详加考察和研究的。

所以，要从以下五个方面分析研究，从计谋上加以衡量，并从中探求战争胜负的情形：一是道，二是天，三是地，四是将，五是法。道，是使民众与君主的意志相一致，所以可以使民众与国君一同赴死，一

同相养相生，而不会畏惧危险。天，是指阴阳、寒暑、四时的更替变化。地，是指征战路途的远近，地形的险阻与平坦，作战场地的广阔与狭窄以及哪里是死地、哪里是生地等。将，是指将帅是否足智多谋，是否赏罚有信，是否爱护部属，是否勇敢果断，是否军纪严明。法，是指军队的组织编制、各级将官的职责区分、军需物资的供应管理等制度规定。凡属这五个方面的情况，将领们没有不知道的。只有充分地了解，才能获胜；否则，就不能取胜。

所以，要从以下七个方面对敌我双方的情况进行研究分析，从中探求战争胜负的情形，包括：哪一方的君主更正义？哪一方的将领更有才能？哪一方占据了更多的天时地利条件？哪一方的法令能够更加切实地贯彻执行？哪一方的兵力更为强大？哪一方的士卒更加训练有素？哪一方的赏罚更加公正严明？根据这些，我们就可以推知谁胜谁负了。

如果能听从我的计谋，用兵就一定能够胜利，我就留在这里；如果不能听从我的计谋，用兵就必定会失败，我就离开这里。

有利的计策已经被采纳，还要设法造势，以辅助作战的进行。所谓“势”，就是根据对敌我双方利害得失的把握而掌握主动权。

【原文】

兵者，诡道也①。故能而示之不能②，用而示之不用，近而示之远③，远而示之近；利而诱之，乱而取之，实而备之，强而避之，怒而挠之④，卑而骄之⑤，佚而劳之⑥，亲而离之，攻其无备，出其不意。此兵家之胜⑦，不可先传也⑧。

夫未战而庙算胜者[⑨]，得算多也[⑩]；未战而庙算不胜者，得算少也。多算胜，少算不胜，而况于无算乎！吾以此观之，胜负见矣[⑪]。

【注释】

①兵者，诡道也：用兵打仗是一种诡诈、谲变的行为。诡，诡诈、奇诡。

②能而示之不能：意即能打却故意装作不能打，能守却故意装作不能守。示，显示、假装。

③近而示之远：本来要从近处进攻，故意装作要从远处进攻。

④怒而挠之：意即对于暴躁易怒的敌将，要用挑逗的办法激怒他，使其失去理智，轻举妄动。挠，挑逗。

⑤卑而骄之：意即对于鄙视我方的敌人，应设法使其变得骄傲自大，然后伺机将其击破。

⑥佚而劳之：意即对于休整充分的敌人，应设法使其疲劳。佚，通“逸”。

⑦胜：奥妙。

⑧不可先传：指不可事先进行传授，意即只能在战争中根据实际情况加以灵活运用。

⑨庙算：古时候出师作战之前，一般要在庙堂里举行会议，商讨谋划作战方略，分析战争的利害得失，预测战争胜负，这就叫作“庙算”。

⑩得算多：指具备很多取胜的条件。算，计数用的筹码，这里引申指获胜的条件。

⑪胜负见矣：胜负的结果显而易见。见，通“现”，显现。

● **故经之以五事**

从道、天、地、将、法五个方面分析研究战争胜负，方可制敌，赢取胜利。

赢得战争胜利须考量的五个方面

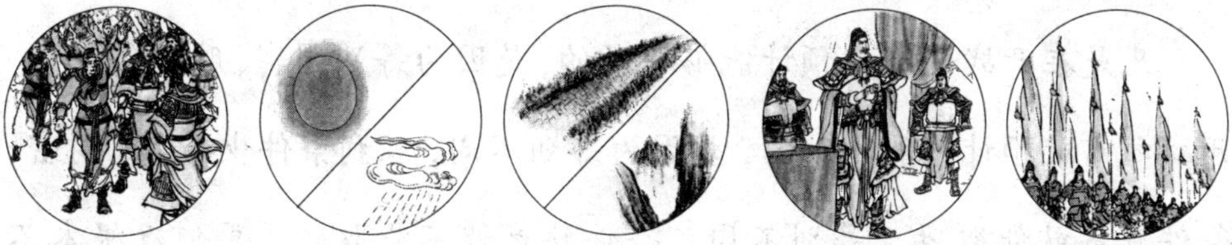

道	天	地	将	法
使民众与君主的意愿相一致，可与君主同生死	季节、气候、天气条件	地理条件	将领素质	军队组织编制、将帅职责区分、物资的供应管理等制度规定

度量思考
主孰有道？将孰有能？天地孰得？法令孰行？
兵众孰强？士卒孰练？赏罚孰明？

推断出战争胜负

【译文】

用兵打仗是一种诡诈之术。所以，能打却装作不能打；能攻而装作不能攻；要打近处，却装作要在远处行动；要打远处，却装作要在近处行动。敌人贪利，就用利引诱它；敌人混乱，就乘机攻击它；敌人实力雄厚，就要注意防备它；敌人实力强劲，就暂时避开它的锋芒；敌人冲动易怒，就要设法骚扰激怒它；敌人鄙视我方，就要设法使其变得骄傲自大；敌人休整充分，就要设法使它疲困；敌人内部团结，就要设法离间它；要在敌人没有防备的地方发动攻击，要在它意料不到的时候采取行动。这是兵家取胜的奥妙所在，（其中的深意必须在实践中方能体会）是无法事先传授的。

凡是在开战之前就预计能够取胜的，是因为筹划周密，胜利条件多；开战之前就预计不能取胜的，是因为筹划不周，胜利条件少。筹划周密、条件具备就能取胜，筹划不周、条件缺乏就不能取胜，更何况根本不筹划、没有任何胜利条件呢？我们依据这些情况来观察，胜负的结果也就很明显了。

实用谋略

南唐灭亡的教训

战争是国家的大事，它关系到国家的生死存亡。因此，一定要重视战争，避免在战争中失利，否则就会使国家灭亡。南唐灭亡的史实，就充分说明了这点。

五代十国时期，十国之一的南唐是建立在富庶的长江中下游地带的小朝廷。据史书记载，南唐烈祖李昪建立南唐，即位后实行与民休息的政策，由于地理条件优越，环境比较安定，南唐吸收了不少从北方流亡过来的劳力，使这里经济迅速地发展起来，出现了当时少有的繁荣气象。

此时，在北方，后汉大将郭威起兵推翻后汉的统治，建立了后周。郭威文武双全，他招贤纳士，革除弊政，减少赋税，终生保持节俭。经过郭威的精心治理，后周在很短的时间里就实现了国富民强。

郭威死后，他的养子郭荣即位。郭荣本姓柴，父亲柴守礼是周太祖郭威妻子的哥哥，后来由于家道中衰，投靠姑父郭威，遂改名为郭荣，他就是后来赫赫有名的周世宗。郭荣即位后，进行一系列政治改革，取得很大成效，史称“周世宗英毅雄杰，以衰乱之世，区区五六年间，威武之声，震慑夷夏，可谓一时贤主”。

刚继位时，郭荣就立下了三十年的宏志：“以十年开拓天下，十年养百姓，十年致太平。”虽然他在即位五年以后就患病辞世，但在这短短五年的时间里，后周已经成为当时最为强盛的国家，为后来北宋统一全国奠定了坚实的基础。

在五代十国动荡的社会局面和频繁的朝代更迭中，郭荣认识到要想维持国家长期的繁荣稳定，没有一支强大的军队是不行的。于是他进一步整顿军队，对作战时贪生怕死的将领加以惩处，建立了一支精锐的禁军，为此后的南征北战创造了条件。

随着后周军力的增强，郭荣开始不断兼并各国土地，为实现统一全国的大业而努力。

在向西攻取了后蜀统治下的秦（今甘肃天水）、成（今甘肃成县）、阶（今甘肃武都东）、凤（今陕西凤县东）四州之后，郭荣立即将兵锋指向了南唐。

虽然南唐地富民丰，但南唐中主李璟却是一个昏庸无能的皇帝。他才华出众，应该说是一个优秀的文学家，但在治理朝政方面显然是碌碌无为的。他的周围经常聚集着一批文人，这些人身居要职，终日陪李璟饮酒作词，打发时日，使朝政更加混乱了。

就在南唐君臣醉生梦死的时候，后周军队在周世宗郭荣带领下，开始不断南下侵扰南唐，严重威胁着南唐的统治。

周世宗郭荣从显德三年（公元 956 年）开始，三次亲征南唐。第一次南征时，后周军队进展顺利，但由于后唐将领刘仁赡死守寿州（今安徽寿县），后周大军一连攻打了好几个月，始终无法攻克，只好退兵。

公元 957 年，郭荣又一次亲征南唐，强攻拿下了寿州，但很快又撤兵回到北方。

第三次南征是在 958 年，因为准备充足，又总结了前两次的经验，加之郭荣注意收服民心，结果后周军队一鼓作气拿下了南唐的江北十个州。郭荣到达长江北岸，驻于迎銮镇（今江苏仪征）。

后来，后周大将赵匡胤率水师杀过长江，扰乱江南敌营，向南唐军队示威挑衅。南唐中主李璟被迫求和，又割淮南四州给后周，并削去帝号，向周称臣。这样，淮南江北十四州六十四县尽入后周手中，南唐每年还向后周进献大批贡物。

显德六年（公元 959 年），周世宗郭荣病死，他的儿子柴宗训继位，即周隐帝，其时只有七岁。一年后，当时的禁军首领赵匡胤发动了“陈桥兵变”，黄袍加身做了皇帝。陈桥兵变次日，赵匡胤引兵回京，逼周隐帝禅位，改国号为宋。

公元961年，南唐中主李璟薨，他的第六子李煜继位。作为词人，李煜才华横溢；作为君主，他极不称职。欧阳修在《新五代史》中对他作了这样的评价：“性骄侈，好声色，又喜浮图；好高谈，不恤政事。”（欧阳修这句话的意思是：李煜骄奢淫逸，喜好声色，又沉迷于礼佛诵经；喜欢空谈，不体恤政事。）

北宋在攻灭割据岭南一带的南汉后，形成北、西、南三面合围南唐的态势。为了延缓宋军的进攻，李煜每年向北宋进贡大量的财宝，又改革南唐制度，把国主的旨令“诏”贬称为“教”，将诸王降为国公，尚书省降为司会府，御史台降为司宪府等。但是，这一切并不能改变赵匡胤灭掉南唐，进而统一全国的决心。

公元974年，赵匡胤以曹彬、潘美为帅，起兵十万讨伐南唐，大败唐兵于采石矶，而后围攻南唐都城金陵，次年十一月攻陷金陵，南唐后主李煜率领群臣出城迎降，南唐宣告灭亡。

南唐的经济和文化在当时是繁荣的，但是南唐君臣们懈于整军备战，整日沉溺于莺歌燕舞之中，终于在北宋的雄兵面前束手就擒。这正应了孙子所说的一句话：“兵者，国之大事，死生之地，存亡之道，不可不察也。”

宋襄公死守“仁义道德”

在春秋中期以前，战争行为普遍受到西周礼乐教化的影响，讲求“以仁为本”，“以礼为固”。随着争霸战争的日益频繁，规模越来越大，这种披着“仁义道德”外衣的战争行为越来越不适应当时的需要。于是孙子提出了“兵者，诡道也”这一基本战争思想，而那些还在坚持着“仁战”“德战”的人，则在战争中遭受一次又一次的惨败。

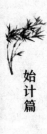

周襄王十四年（公元前638年）初冬发生的泓水之战，是宋、楚两国为争夺中原霸权而进行的一场战役。这场战役的结果是宋襄公因思想保守、墨守成规而招致失败。

公元前643年，中原霸主齐桓公去世，他的儿子们在他死后展开了激烈的争位斗争。当时，齐桓公的宠臣竖刁、易牙等人操纵了齐国大权，他们赶走了公子昭，将公子无亏扶上了君位。齐国的大臣们都不服，没有人去朝见无亏这位新国君。

公子昭逃到了宋国。宋国是殷商的后裔，当时宋国的国君是宋襄公，他依照齐桓公生前的嘱托，支持公子昭复国，就通知各国诸侯，请他们共同护送公子昭回到齐国继承君位。但是宋襄公的号召力有限，只有三个小国带了点儿人马追随宋国。宋襄公便率领着四国的兵马前往齐国。齐国的大臣多数都支持公子昭，于是与宋军里应外合，杀掉了竖刁和公子无亏，易牙见大势已去，匆忙逃到了鲁国。齐桓公的其他几个儿子纠集人马与四国军队作战，结果大败。在齐国大臣和四国军队的拥护之下，公子昭登上了君位，他就是齐孝公。

由于帮助公子昭取得了君位，而齐国又是原来的诸侯盟主，所以宋国在诸侯中的地位自然就提高了。这时，齐国因内乱而势力衰弱，而晋、秦也暂时无暇顾及中原。这样，长期以来受齐桓公遏制的南方强国楚国，就乘机进入中原，企图攫取霸权。而一贯标榜仁义的宋襄公，也想继承齐桓公的霸主事业；但从实力上来讲，宋国是远远不能和楚国相比的。于是宋襄公便打起了如意算盘：只要把楚国拉过来，那些托庇于楚国的小国自然也都臣服于自己，那样宋国的霸业就容易实现了。

宋襄公把这个想法告诉了公子目夷，公子目夷不赞成这样做，他认为一来宋国是个小国，想要当盟主，不会有什么好处；二来楚成王野心勃勃，善于权变，宋襄公很难与他争斗。

然而宋襄公不肯听从公子目夷的忠告。公元前639年春，宋襄公与楚成王、齐孝公在鹿上会盟。盟会上，宋襄公邀请楚成王及其盟国出席下一次的诸侯大会。没想到楚成王居然答应了，他们相约在宋国的盂地进行会盟。

到了这年的七月，宋襄公前往盂地大会诸侯。临行前，公子目夷对他说：“万一楚君不怀好意，可怎么办？您还是多带些兵马去，以防万一。”

宋襄公说：“那不行，我们为了不再打仗才会盟，自己怎么反倒带兵马前去呢？”公子目夷见不能说服襄公，无奈之下，只好不带军队跟随前往。

在这次盟会上，楚成王和宋襄公都想当盟主，为此二人争执了起来。楚国势大，诸侯大多拥立楚王为盟主。宋襄公不服气，这时楚国的一班随从官员立即脱掉了外衣，露出里面的铠甲，二话没说就把宋襄公抓了起来。公子目夷趁乱逃回了宋国。

其后，楚军押着宋襄公前去攻打宋都商丘，公子目夷率领宋国的军民顽强抵抗，顶住了楚军的进攻。楚军曾以杀掉宋襄公相威胁，然而宋军没有中计，并回应说宋国已经立了新君。楚军围困宋都数月都未能攻下来，后来，在鲁僖公的调停之下，楚成王才答应将宋襄公释放回国。

宋襄公蒙受奇耻大辱，心中着实郁积了一口闷气，但他并没有能力去攻打楚国，于是决定先讨伐依附于楚国的郑国。他联合了几个诸侯国共同讨伐郑国，郑国立即向楚国求救，楚成王听到消息，并没有派兵去援救郑国，而是命令大军直接攻打宋国。宋襄公赶忙撤兵回来防御，宋军于是在泓水岸边驻扎下来，等待楚军的到来。

楚军到达泓水以后便开始渡河，其时宋军已经摆好了阵势。公子目夷对宋襄公说："敌众我寡，趁他们还没有完全渡河，请下令攻击他们吧。"宋襄公说："不行，还不到时候。"于是，大家就眼睁睁地看着楚军顺利地渡过河。渡河之后，楚军便乱哄哄地列队布阵，公子目夷又请求主动攻击，宋襄公说："不行，还不到时候。"等楚军摆好了阵势，宋襄公才下令攻击，强悍的楚军铺天盖地杀来，宋军被打得大败，士兵们四散逃命，宋襄公的大腿受伤，卫队也全部被歼灭了。

退回到城中，宋国人都埋怨宋襄公。宋襄公却说："君子不伤害已经受伤的人，不捉拿头发花白的人。古人作战，不在隘口处阻击敌人。我虽然是已然亡国的商朝的后代，但也不会攻击没有摆好阵势的敌人。"

公子目夷对他说："其实您并不懂得战争。强大的敌人来进攻我们，他们因为地形的原因而摆不开阵势，这是上天在帮助我们，这时候对其加以拦截然后攻击他们，难道有什么不对吗？就是在这样有利情况下还要担心不能取胜，更何况今天前来进攻我们的是强悍的楚兵呢？他们都是我们的敌人，对我们不会手下留情，就算他们的士兵中有老人，两军对阵时也应该把他们抓回来，何况其中年龄最大的也只不过是四十上下、头发花白的人呢！我们平日里训练士兵，就是为了让士兵在战场上杀死敌人。敌人受了伤但没有死，为什么就不能再次攻击他们让他们毙命呢？如果是因为您怜悯那些受伤的人而不想再次对他们加以伤害，那还不如开始就不击伤他们；您要是同情年长的敌人，那还不如向他们投降呢！"

第二年，宋襄公就因为腿伤过重而死去了。

战争本身就是一场你死我活的较量，它的唯一意义就是看谁能取得最终的胜利。至于是通过什么样的途径，使用什么样的方法而获得的胜利，人们也许会用道德标准去衡量它们是否合适，但更关心的往往是最终的结果。因为愚蠢地信守仁义道德而战败身死，使得国家破亡、生灵涂炭，在这样的结果面前还有什么仁义道德可言呢？对谁行仁义了，又对谁讲道德了呢？宋襄公的例子值得每一个人深思。

勾践灭吴

春秋末年，吴国和越国为争夺霸权，在公元前506年至公元前473年的三十多年间发生过多次交锋。公元前494年，吴王夫差在今浙江绍兴东南一带大败越国。越王勾践忍辱求和，一方面用卑屈的姿态麻痹夫差，一方面暗中积蓄力量，最后成功灭吴，一雪前耻。勾践灭吴的例子，在许多方面印证了《孙子兵法·始计篇》的合理性与正确性。

吴国和越国是位于长江中下游的两个国家，崛起于春秋中后期。

公元前494年春，越王勾践讨伐吴国，结果为吴王夫差所败。勾践为保全越国，遂采纳大夫范蠡之计，派文种到吴国求和。文种到吴国后，极力劝说夫差答应议和。尽管吴大夫伍子胥极力反对，但夫差还是答应了越国的请求。

其后，勾践将国家交给文种治理，自己则和妻子、范蠡一道入吴为人质，并做了夫差的奴仆。夫差为了羞辱勾践，就让他住在吴王阖闾坟前的一个小石屋中守坟喂马，有时还故意要他牵马从吴国百姓面前走过。勾践忍辱负重，毫无怨言，对夫差百依百顺，伺候得无微不至。文种则不时派人用厚礼贿赂吴太宰伯嚭，让他在夫差面前多多美言。夫差认为勾践是真心归顺，便在三年后将他释放回国。

勾践回国后，首先下了一道“罪己诏”，检讨自己轻率与吴国开战，致使许多百姓在战争中送命的行为。为了显示自己的诚意，勾践还亲自去慰问受伤的战士，抚养阵亡者的家属。

为了激励自己不忘雪耻，勾践特意睡在柴薪之上，并在屋中悬挂了一枚苦胆，每次吃饭之前都要先尝一尝。勾践和夫人与百姓同甘共苦，过着清贫的生活：勾践亲自下田耕作，夫人自己养蚕织布，他们吃饭不食鱼肉，所穿的衣服也不加修饰。

越国战败之后，人口锐减，经济上更是损失惨重。针对这一情况，勾践采取了休养生息的政策，以恢复国家的元气。勾践下令：妇女怀孕临产时要报告给官府，由官府派医生去看护；生男孩的人家奖赏两壶酒和一条狗，生女孩的人家奖赏两壶酒和一头小猪；生三胞胎的人家由官府出钱请乳母，生双胞胎的人家由官府补贴粮食。凡是死了嫡子的人家，免除三年的劳役；死了庶子的人家，免除三个月的劳役。勾践又减轻刑罚，鼓励百姓开荒种地，宣布十年之内免征赋税，每户人家都有三年的粮食储备。由于实行了“去民之所恶，补民之不足”的措施，越国百姓亲近勾践就像儿子孝敬父母一般。

在改革内政的同时，勾践继续对吴国采取怀柔的策略，不间断地送给夫差珍宝和美女。在送去吴国的美女之中，最得宠的就是西施。这一举措不仅消除了夫差对越国的戒备，也让其沉溺于财色之中，助长了他的骄气。勾践还暗中搞垮吴国经济，高价收购吴国的粮食，造成吴国的粮荒。勾践一直忌惮吴国那些贤能的肱骨之臣，于是他巧用离间计让夫差疏远老臣伍子胥而更加宠信伯嚭。夫差刚愎自用，很轻易就中计了，对伍子胥的逆耳忠言越来越听不进去，后来又听信谗言，认定伍子胥要勾结齐国谋反，就派人给他送了一把宝剑，令他自杀。伍子胥嘱托门客，让门客等他死后把他的眼珠挖出来，置于东门之上，说自己要亲眼目睹吴国的灭亡。夫差这一自毁长城之举正中勾践下怀。

在取得一系列战争的胜利后，吴国领土得到了极大的扩展，夫差因此变得越来越骄狂自大，而勾践则静静地蛰伏着，随时准备给予敌人致命一击。

夫差完全没有看到越国的威胁，公元前484年，夫差听说齐景公去世，认为自己称霸中原的最佳时机已经到来，遂决定出兵北上伐齐，并在艾陵击败齐军。公元前482年，夫差又约晋定公和各国诸侯前往黄池（在今河南封丘西南）会盟，并带去了吴国三万精锐部队，只留下一些老弱军士同太子一起留守国内。

夫差的举国远征给了越国可乘之机。在吴军刚离国北上时，勾践就想出兵攻吴，被范蠡劝住。范蠡认为吴军离境不久，调头回师不难，越国应当暂缓出兵。数月之后，范蠡估计吴军已经抵达黄池，断定时机已经成熟，遂建议勾践率领越军四万九千人，兵分两路，一路切断北去吴军的归路，一路入侵吴国南部，进而直逼姑苏。

吴太子友得到越国来袭的消息，于是率兵到达泓上（今江苏苏州近郊），太子友知道吴国精锐尽出，国内空虚，决定不与越军交战，而是坚守待援，同时通知夫差尽快回军。然而部将不顾太子友坚守疲敌的主张，率军主动出击，虽然开始取得小胜，但最后却被越军打败。越军俘虏了太子友，趁势占领了吴国的国都姑苏。

夫差听说姑苏被占和太子被俘的消息时，正在与晋定公争夺霸主之位，为了封锁消息，他将前来报信的人统统杀掉，并用武力威胁晋国让步，这才勉强做了霸主，然后又匆忙回军。然而，在归国途中，吴军士卒接连听到太子被杀、国都失守等消息，军心涣散，完全丧失了斗志。夫差感到现在反击没有必胜的把握，于是在途中派伯嚭向越国求和。勾践和范蠡估计己方的力量还不能立即消灭吴国，遂同意议和，然后撤兵回国。

夫差回到吴国后，自然咽不下这口恶气，本想马上报复越国，怎奈年年征战使国内经济遭受严重破坏，国内又接连闹起了灾荒。于是夫差宣布“息民散兵”，打算等待时机一雪前耻。

文种见到这一情况，担心等吴国实力恢复之后，要想再战胜它就很困难了，便建议勾践趁吴国疲惫、国内防务松弛之机，抓紧完成灭吴大业。勾践听完了文种的分析，采纳了他的建议，遂于公元前478年乘吴国大旱、仓廪空虚之机，再次进攻吴国。

与吴国决战前，勾践召集群臣进行了周密的部署，采纳了明赏罚、备战具、严军纪、练士卒等建议，做了充分的准备。勾践打出为国复仇的口号，赢得了越国人民的支持。并规定，独子及体弱有病者免服兵役，家中有兄弟二人以上的留一人在家奉养父母。出师前又历数吴王夫差的罪状，使得全军士气高涨。

由于战前准备充分，又挟着上次得胜之威，越军一路势如破竹，所到之处尽数占领，一举消灭了吴军主力，彻底扭转了吴强越弱的形势。

吴军节节败退，最后固守姑苏。由于姑苏城防坚固，越军一时未能攻下，勾践便采取长期围困的战略。

外无援兵，内无粮草，吴军在苦苦坚持了两年后终于势穷力竭。越军趁势发起强攻，一举拿下姑苏城。夫差率残部逃到姑苏台上，眼看走投无路，只能派人向勾践求和。

勾践担心夫差效法自己忍辱负重，进而励精图治一雪前耻，遂拒绝了他的请求。夫差见求和无望，最终自杀身亡，越国赢得了最终胜利，勾践也凭借灭吴之战成为春秋时期最后一位霸主。

作为一个弱小的国家，越国能灭掉实力强大的吴国，具体原因有以下几点：

首先，越国能从失败中吸取教训，制定正确的发展方略，“去民之所恶，补民之不足”。与此同时，勾践以复仇雪耻为号召，激发了越国人民强烈的爱国热情，他们热烈拥护国君，积极参与到灭吴的战事之中，真正做到了“令民与上同意”。

其次，在战略上，面对强大的敌人，越国能够避其锋芒、韬光养晦，并采用休养生息的政策，既保存了实力，又极大地增强了国力，为最终战胜强敌创造了条件。

再次，在蛰伏等待时机的过程中，越国对吴国君臣进行了充分研究，并针对他们的弱点，分别采取了“利而诱之”“强而避之”“亲而离之”等策略，有效地麻痹了敌人。妄自尊大的夫差自毁长城，穷兵黩武，亲手将自己的国家和臣民推向万劫不复的深渊。

最后，越国等到时机完全成熟时才发起攻击，临战前又进行精心策划，采取了乘虚偷袭的作战方针，出其不意，攻其不备，一击致命，打得吴军只有招架之功，而无还手之力，最终赢得了这场战争的胜利。

通过这个事例我们不难看出，越国采用的许多策略都与《孙子兵法·始计篇》所述的思想相符合。

名家论《孙子兵法》

孙子的智战战略思想有两层含意：一是预见性，所谓“未战而庙算胜”（《始计篇》）；二是智慧性，所谓“因形而措胜于众”（《虚实篇》）。这里的“制胜之形”，既可指作战方式，又可指战略策略。总之，是根据客观情况，随机应变，灵活处置。孙子的高明之处就在这里，究竟有些什么奇谋妙策，龙韬虎钤，他一概采取引而不发的叙述，用他的话说，“此兵家之胜，不可先传也”（《始计篇》）。

——吴如嵩

商业案例

汉斯的“57”牌罐头

《孙子兵法》不仅是古今军事家的必读书，也是现代企业家的重点研究对象。

日本企业家读了《孙子兵法》后，著有《用兵法经营》《怎样当企业领导》等书，后一本书的作者认为，“智、信、仁、勇、严”将帅五德在两千年后仍然适用。

美国通用汽车公司董事会主席罗杰·史密斯则说，自己学习了两千多年前中国一位战略家所写的《孙子兵法》,形成了“战略家的头脑”,所以才能为公司创造优秀的业绩。

在《孙子兵法》所提到的诸多战略中,“出奇制胜”实践起来难度极高,然而一旦实施成功,所获得的回报又极为丰富,故而为企业家们高度重视,力求在商品设计、人才使用和产品营销中均能做到这一点。

以前人们常说“好酒不怕巷子深”,但在现代商品社会,好产品也需要大力推向市场,尤其是新产品刚上市的时候,其技术、性能等方面的优势尚未被顾客广泛了解,而普通的宣传手段往往达不到预定的效果,这时候就需要各种新奇的谋略,来一举打开市场。

1893年,世界博览会在美国芝加哥举行。此次博览会规模极大,盛况空前,全球各大制造厂家都把本公司的产品送去陈列。美国“57”牌罐头食品公司的经营者汉斯先生自然也不会错失良机,他筹备了一大笔专款,力图让本公司的罐头在这次博览会上一炮而响,从而在国际市场上争得一席之地。

可惜事与愿违,汉斯公司的展出场地被安排在会场的一座小阁楼里,那是最偏僻的位置。博览会开幕后,参观者络绎不绝,但是汉斯公司的展位几乎无人问津,这自然使汉斯先生大为苦恼。眼看着一个星期的时间就这样过去了,自己却一无所获,汉斯先生并没有因此泄气,而是凭着对自己公司产品的自信以及多年来角逐商场的经验,想出了一个妙招。

随着博览会第二个星期的到来,会场中出现了这样一个现象:前来参观的人们经常能拾到一些做工精巧的小铜牌,铜牌上刻着一行字,指明谁拾到这块铜牌，谁就可以拿着它到位于某阁楼上的汉斯食品公司去换一件纪念品。这样的铜牌多达数千块。当然，它们其实都是汉斯先生派人抛下的。

本来门可罗雀的小阁楼很快被顾客挤得水泄不通，主办方甚至因为顾客蜂拥而至而担心阁楼会被挤塌下来，于是不得不请木匠将阁楼重新加固。汉斯食品公司的阁楼因此出了名，每个参观者都要争先恐后地奔向小阁楼，即使没有了小铜牌，这一热潮也不见消退，直至博览会闭幕仍是如此。而本来应该算是很不幸地和汉斯先生一起被分在阁楼的其他厂家，也因此沾了光，赚了三倍以上的利润。

机会可遇不可求，而计划又往往赶不上变化。要想把事情做好，就必须在制订周详计划的同时，根据实际情况灵活应变，因“势”得利。汉斯先生的完美计划遭遇了不利的情况，但他能灵活应对，因情造势，最后打了一个漂亮的大胜仗。

【点评】

《始计篇》中提出了三条兵学原则：一、“先计而后战”，即预先对决定战争胜负的基本条件进行详细研究；二、“以庙算胜”，即为实现上述基本条件而进行战略准备与筹划，从而提出了大战略思维；三、“攻其无备，出其不意”，即灵活机动，提高作战时的能动性。

“国之大事，在祀与戎。”“祀”是祭祀，“戎”就是战争。但我们研究战争，争取赢得最后胜利，不是为了战争本身，而是为了制止战争，是为了国家和民族的兴盛、人民的生命安全。这种对战争性质的深刻认识，对后世产生了极其深远的影响。

而且，这种对战争的认识，同样可以运用到我们的人生和事业当中——人总会面临诸如升学考试、就业选择乃至独立创业等人生的重大选择，它们关系着我们一生的幸福，故而必须作出正确的抉择。

在这种关键时刻，最重要的是什么？那就是精心研究一切主客观条件，对于难得的机遇一定要牢牢把握。这时候，我们也可以按照孙子提出的“五事七计”作出分析，努力为自己创造成功的条件。

比如运用到学习上，“五事”中的“道”，指学习的目的和目标；“天”和“地”，指应当具备的客观条件；“将”，指教师的教学水平；“法”，则指我们的学习方法。如果我们在学习中能对此进行全面的分析，发扬优势，改进不足，就能取得长足的进步。

人生大事亦如国家大事，不可不察。做好了这一点，我们就向自己的理想目标又迈进了一大步。

作战篇

【导读】

本篇论述了战争对人力、物力和财力的依赖关系，阐明了速胜之利及久战之害，全面论述了“兵贵胜，不贵久”这一速胜思想，并提出了“因敌于粮”以及奖励士卒、优待俘虏等原则，以使自己“胜敌而益强”。

【原文】

孙子曰：凡用兵之法，驰车千驷①，革车千乘②，带甲十万③，千里馈粮④；则内外之费⑤，宾客之用⑥，胶漆之材⑦，车甲之奉⑧，日费千金，然后十万之师举矣⑨。

其用战也胜⑩，久则钝兵挫锐，攻城则力屈⑪，久暴师则国用不足⑫。夫钝兵挫锐、屈力殚货⑬，则诸侯乘其弊而起⑭，虽有智者，不能善其后矣。故兵闻拙速，未睹巧之久也⑮。夫兵久而国利者，未之有也。故不尽知用兵之害者，则不能尽知用兵之利也。

【注释】

①驰车千驷（sì）：战车千辆。驰车，快速轻便的战车。驰，奔走。驷，原指同一车套四匹马，这里作量词，即辆。

②革车千乘（shèng）：重车千辆。革车，又叫守车、重车，是专门用于运送粮食和器械的辎重车辆。乘，辆。

③带甲：穿戴盔甲的士兵，这里泛指军队。

④千里馈粮：辗转千里运送粮食。馈粮，运送粮食。馈，供应、运送。

⑤内外：这里泛指前方和后方。

⑥宾客之用：指与各诸侯国使节往来所花的费用。

⑦胶漆之材：指制作和维修作战器械所需的物资材料。胶漆，是制作、保养弓矢器械的材料。

⑧车甲之奉：指保养、补充武器装备的开销。车甲，车辆盔甲。奉，同“俸”，费用、花销。

⑨举：出动。

⑩用战也胜：指在战争耗费巨大的情况下用兵，就要求速战速胜。

⑪力屈：力量耗尽。屈，竭尽、穷尽。

⑫久暴师则国用不足：军队长期在外作战，国家的经济就会发生困难。暴，暴露。

⑬屈力殚（dān）货：力量耗尽，财力枯竭。殚，枯竭。货，财货、财力。

⑭弊：疲困，危机。

⑮巧：巧妙，工巧。

【译文】

孙子说：大凡用兵，其规律是要出动轻型战车千辆，辎重车千辆，军队十万，还要跋涉千里运送粮食。那么前后方的用度，接待使节来宾的开支，胶、漆一类作战物资的供应，保养、补充武器装备的开销，每天的耗费多达上千金，然后十万大军才能出动。

用这样庞大的军队去作战，就要求速战速胜，时间一久就会使军队疲惫、锐气挫伤；攻城会使力量消耗殆尽；军队长期在外作战，会造成国家财力的紧张。军队疲惫、锐气挫伤、国力耗尽、财力枯竭，那么其他诸侯就会乘此发兵进攻，到那时，即使有足智多谋的人，也无法收拾残局。所以，在用兵上只听说有讲究战术简单而追求速胜的，没见过有讲究战术技巧而将战争拖得很久的。战事旷日持久而对国家有利的情形，从来就没有过。所以，不能完全了解用兵害处的人，也就不能完全了解用兵的益处。

● 故兵闻拙速，未睹巧之久也

行兵打仗只听说宁可粗略简单只求迅速取胜，没见过要求精巧而久拖战局的。速战速决才是胜负的关键。

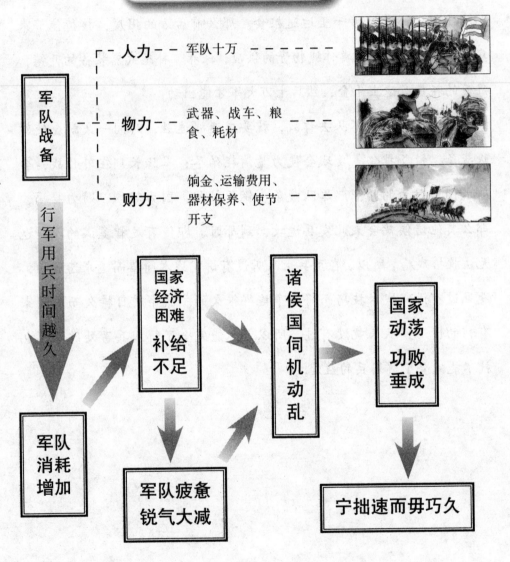

行军用兵贵在神速

军队战备

- 人力——军队十万

- 物力——武器、战车、粮食、耗材

- 财力——饷金、运输费用、器材保养、使节开支

行军用兵时间越久 → 军队消耗增加 → 国家经济困难 补给不足 → 军队疲惫 锐气大减 → 诸侯国伺机动乱 → 国家动荡 功败垂成 → 宁拙速而毋巧久

【原文】

善用兵者，役不再籍①，粮不三载②；取用于国③，因粮于敌④，故军食可足也。

国之贫于师者远输⑤，远输则百姓贫。近于师者贵卖⑥，贵卖则百姓财竭，财竭则急于丘役⑦。力屈、财殚，中原内虚于家⑧。百姓之费，十去其七；公家之费，破车罢马⑨，甲胄矢弩⑩，戟楯蔽橹⑪，丘牛大车⑫，十去其六。

故智将务食于敌。食敌一钟⑬，当吾二十钟；萁秆一石⑭，当吾二十石。

故杀敌者，怒也；取敌之利者，货也⑮。故车战得车十乘已上，赏其先得者，而更其旌旗。车杂而乘之，卒善而养之，是谓胜敌而益强。

故兵贵胜，不贵久。

故知兵之将，生民之司命⑯，国家安危之主也⑰。

【注释】

①籍：本指名册，这里作动词，指征集兵员。

②载：运输、运送。

③取用于国：指武器装备等从国内取用。

④因：依靠。

⑤国之贫于师者远输：因为用兵而导致贫困的国家，远途运输是一个重要的原因。师，军队。

⑥贵卖：意思是物价飞涨。

⑦急：这里有加重的意思。丘役：军赋。丘，古代地方行政区划单位，一丘为一百二十八家。

⑧中原内虚于家：国内百姓的家因为远途运输而变得贫困、空虚。中原，这里泛指国内。

⑨破车：战车破损。罢（pí）马：战马疲敝。罢，同“疲”。

⑩甲胄（zhòu）矢弩：泛指装备战具。甲，铠甲。胄，头盔。矢，箭。

⑪戟（jǐ）楯（dùn）蔽橹（lǔ）：泛指各种攻防兵器。戟，古代一种兵器的名称。楯，同“盾”。蔽橹，攻城时用作屏蔽的大盾牌。

⑫丘牛：从兵役中征集来的牛。丘牛大车：指辎重车辆。

⑬钟：容量单位，每钟相当于六十四斗。

⑭芑（qí）秆：泛指牛、马等牲畜的饲料。芑，同“萁”，豆秸。秆，禾茎。石（dàn），古代容量单位，三十斤为一钧，四钧为一石，即一百二十斤为一石。

⑮取敌之利者，货也：想要使军队勇于夺取敌人的财物，就要先用财货来奖赏士卒。利，财物。货，财货，这里指用财货进行犒赏，以调动官兵杀敌的积极性。

⑯生民：泛指民众。司命：星宿名，传说中主死亡，这里喻指命运的主宰。

⑰主：主宰。

【译文】

善于用兵的人，不一再征集兵员，不多次运送粮草；武器装备等从国内取得，粮草则在敌国解决，这样，军队的粮食供应就得到满足了。

国家之所以会因为用兵而变得贫困，远途运输是重要原因，远途运输就会使百姓陷于贫困。临近军队的地区物价飞涨，物价飞涨就会使百姓财力枯竭，百姓财力枯竭，就要更加急迫地征收赋税。国力耗尽，财政枯竭，国内就会家家空虚。百姓的财力，将会耗去十分之七；政府的财力，由于车辆破损、战马疲惫，装备、兵器、战具的补充以及辎重车辆的征调，要耗去十分之六。

所以，明智的将帅务求在敌国就地解决粮食的供给问题。消耗敌国一钟粮食，相当于从本国运送二十钟粮食；消耗敌国一石饲料，相当于从本国运送二十石饲料。

要想使士兵奋勇杀敌，就要激发他们同仇敌忾的勇气；要想夺取敌人的物资，就要用财货奖赏士卒。因此在车战中，缴获战车十辆以上，要奖赏最先夺得战车的士兵，并且更换战车上的旗帜，混入自己的战车编队之中。对于俘虏，要善待和供养他们。这就是所谓战胜敌人而使自己的力量更加强大。

所以用兵贵在速胜，而不宜旷日持久。

所以精通用兵之道的将帅，是民众命运的掌握者，是国家安危的主宰者。

国之贫于师者远输

国家会因用兵而招致贫困。因此善于用兵的人，就会尽量缩短出征的时日，减少战争的损耗，保留实力，稳定国情。

导致国家衰弱的连锁反应

出兵导致国家贫困

远途运输

近军处物价飞涨

物资补给不足百姓生活艰难

为保证补给而增加赋税

民不聊生百姓人力耗尽

国家耗损严重国力衰微

于私

百姓财物耗去七成

于公

公家资产（战车、战马、武器等）耗损六成

实用谋略

诸葛亮陇上抢割新麦

古代生产力落后，军事物资相对而言比较匮乏，将领都会尽量降低本国资源的消耗，而想方设法从敌人手中夺取粮食，来保障本军的粮草供应和需求。下面这个故事就很好地展示了何谓“取用于国，因粮于敌”。

公元231年二月，诸葛亮率领十万大军，四出祁山，继续进行伐魏大业，司马懿率张郃、费曜等大将迎战，两军就此展开了对峙。

兵至祁山后，诸葛亮发现魏军早有防备，便对众将说：“孙子曰：‘重地则掠。’深入敌人的腹地，就要掠取敌人的粮草来补充自己。现如今，我们长途远征，粮草供应不上，但据我估计，陇上的麦子已经成熟，我们可以秘密派兵去抢割陇上的麦子。”计议已定，诸葛亮便留下王平、张嶷等人守卫祁山大营，亲率姜维、魏延等部将直奔上邽。

这时，司马懿率大军赶到祁山，却不见蜀军出战。司马懿心中疑惑，又得到消息说有一支蜀军径往上邽而去，立刻恍然大悟，急忙引军去救上邽。

诸葛亮火速赶到上邽后，驻守上邽的魏将费曜领兵出战，姜维和魏延皆是当世勇将，他们将费曜打得大败。

趁此机会，诸葛亮命令手下三万精兵手执镰刀、驮绳，抢在司马懿大军到来之前，把陇上的新麦全都收割掉了，然后运到卤城打晒。

司马懿棋差一招，失去了陇上的新麦，心有不甘，于是和副都督郭淮引兵前往卤城，打算偷袭蜀军，趁乱夺回新麦，最好还能生擒诸葛亮。

而诸葛亮对此早有防备，他让姜维、魏延、马忠、马岱四将各带二千人马，埋伏在卤城东西的麦田之中。等到魏兵抵达卤城城下时，只听一声炮响，伏兵四起，蜀军主力趁势从城内杀出。司马懿在部将的护卫下拼死力战，总算突出重围，狼狈逃回大营。

名家论《孙子兵法》

自从中国进入奴隶社会以来，凡国家遇有战事，都要告于祖庙，议于明堂，成为一种固定的仪式。这种活动，在本质上是制定克敌制胜的方略，也就是曹操所说“选将、量敌、度地、料卒，远近险易，计于庙堂也”。孙子正是在这种大量长期的实践活动和丰富的感性认识的基础上，因形就势，加以概括，形成了内容与形式紧密结合的“庙算”概念。

——于泽民

萨尔浒大战

努尔哈赤建立后金后，又花了两年多时间整顿内部，发展生产，扩充兵力。1618年，努尔哈赤召集八旗首领和将士誓师，宣布跟明朝有七件事结下了冤仇，称为“七大恨”。其中第一条就是明朝无故挑衅，害死了他的祖父和父亲。为了报仇雪恨，决定起兵征伐明朝。

第二年，努尔哈赤亲自率领二万人马进攻抚顺。他先写信给抚顺明军守将，劝他投降。守将李永芳一看后金军来势凶猛，临阵怯战，没有抵抗就投降了，后金军俘获了人口、牲畜共计三十余万。明朝的辽东巡抚派兵救援抚顺，也被后金军在半路上打垮。努尔哈赤命令毁了抚顺城，带着大批战利品回到赫图阿拉。

消息传到北京，明神宗大怒，决定派杨镐为辽东经略，讨伐后金。杨镐经过一番紧张的调兵遣将，才集中了十万人马。1619年，杨镐分兵四路，由四个总兵官率领，进攻赫图阿拉。中路左翼是山海关总兵杜松；中路右翼是辽东总兵李如柏；北路是开原总兵马林；南路是辽阳总兵刘铤。为了扩大声势，号称四十七万。杨镐坐镇沈阳，指挥全局。

那时候，后金八旗军兵力，合起来不过六万多。一些后金将士得到情报，不免有点儿害怕，来找努尔哈赤，要他拿主意。努尔哈赤胸有成竹地说："别怕，管他几路来，我就是一路去。"

经过侦察，努尔哈赤得知杜松率领的中路左翼是明军主力，且其已经从抚顺出发打了过来，努尔哈赤就集中兵力，先对付杜松。

杜松是一员身经百战的名将。从抚顺出发的时候，天正下着大雪，杜松想抢头功，不顾气候恶劣，急急忙忙冒雪行军。他先攻占了萨尔浒（今辽宁抚顺东）山口；接着分兵两路，把一半兵力留在萨尔浒扎营，自己带了另一部精兵攻打后金的界藩城（今新宾西北）。

努尔哈赤一看杜松分散兵力，心里暗暗高兴，集中八旗的兵力，一口气攻下萨尔浒明军大营，截断了杜松后路。接着，又急行军援救界藩。正在攻打界藩的明军，听到后路被抄，军心动摇。驻守在界藩的后金军从山上居高临下地压下来，把杜松军杀得七零八落。努尔哈赤率领大军赶到，把明军团团围住。杜松左右冲杀想要突围，突然一箭飞来，正射中他的头部，杜松从马上栽下来就死掉了。部下明军被杀得尸横遍野，血流成河。一路人马先覆灭了。

北路的马林从开原（今辽宁开原）出兵，刚刚到离萨尔浒四十里的地方，得到杜松兵败的消息，吓得急忙转攻为守，就地依山，扎下营垒，挖了三层壕沟，准备防守。努尔哈赤率领八旗兵从界藩马不停蹄地赶来，攻破明军营垒。马林没命地逃奔，才回到开原，第二路明军又被打散了。

坐镇沈阳的杨镐，正在等待各路明军的捷报，哪想到一连两天接到的竟是两路人马覆灭的坏消息，把他惊得目瞪口呆。他这才知道努尔哈赤的厉害，遂连忙派快马传令另外两路明军立刻停止进军。

中路右翼的辽东总兵李如柏本来胆小，行动也特别迟缓，接到杨镐命令，便匆忙撤退。山上巡逻的二十来名后金哨兵远远望见明军撤退，大声鼓噪，明军兵士以为后面有大批追兵，争先恐后地逃跑，自相践踏，也死了不少人。

剩下的一路是南路军刘铤。杨镐发出停止进军命令的时候，刘铤军已经深入到后金军阵地，各路明军失败的情况，他一点儿也不知道。刘铤是明军中出名的猛将，他使用一把一百二十斤的大刀，运转如飞，外号叫“刘大刀”。刘铤军军令严明，武器火药也多。进入后金阵地以后，连破几个营寨。

努尔哈赤知道刘铤骁勇，不能与之硬拼，于是他选了一个投降过来的明兵，叫他冒充杜松部下，送信给刘铤，说杜松军已经到达赫图阿拉城下，只等刘铤军去会师攻城。

刘铤没接到杨镐命令，不知道杜松军已经覆灭，信以为真，他怕让杜松独得头功，下令火速进军。这一带道路险狭，兵马不能够并列，只好改为单列进军。刘铤带兵走了一阵，忽然杀声四起，漫山遍谷都是后金伏兵，向明军杀来。刘铤正在着急，努尔哈赤又派一支后金兵穿着明军衣甲，打着明军旗帜，装扮成杜松军前来接应。刘铤毫不怀疑，把人马带进假明军的包围圈里。后金军里应外合，四面夹击，明军阵势大乱。刘铤虽然勇敢，挥舞大刀，杀退了一些后金兵，但是毕竟寡不敌众，他左右两臂都被砍伤，最终倒下被俘。

这场战役从开始到结束，只有五天时间，杨镐率领的十万明军损失了一大半，文武将官死了三百多人。这就是历史上著名的“萨尔浒之战”。

名家论《孙子兵法》

战略，是指导战争全局的方略，也是战争中的一种实践活动。战略概念则是对这种社会实践的抽象和概括，是战争发展到一定历史阶段，即形成战略理论的时候才出现的。在我国，孙子首先赋予战略以明确的概念——“庙算”。

记载西周及其以前战争的残存文献，已经反映出当时就有对战争全局的谋划，但都属于个别的、经验型的认识，所以还不可能有高度概括战略活动的概念。

春秋战国初期，是我国古代战争和军事理论大发展时期，战略理论也比较系统地形成了。其重要标志是《孙子》这部具有划时代意义的“战略论”的问世和第一个战略概念“庙算”的提出。

之所以说“庙算”是战略概念，理由之一，它是对古代战略决策的实践活动的抽象和概括。理由之二，它具备战略的基本内涵。理由之三，古代的兵论始终把“庙算”置于战略地位。理由之四，“庙算”的使用具有普遍性。

以“庙算”表达战略是先秦的时尚。秦汉以后在庙堂里谋划战争这种陈旧的形式逐渐被打破，人们开始寻求新的表达方式。那就是首先甩掉“庙”，再以“略”取代“算”，又在“略”前冠之以“兵”。因此“兵略”就成了秦汉时代的战略概念。当时的两部兵书《淮南子·兵略训》和《三略》就是这样处理的。西晋以后一些史学家和兵著者又把“兵略”改为“战略”，如西晋司马彪著有《战略》、北周隋初有《战略》二十六卷等。

——于泽民

吴楚柏举之战

关于“兵贵胜，不贵久”这一基本战略思想，孙子本人在公元前506年的吴楚柏举之战中为我们作出了最恰当的示范。

公元前515年，吴国公子光夺得吴国王位，他就是吴王阖闾。阖闾即位后，立志要称霸天下。他励精图治，整军经武，任用了伍子胥、孙武等杰出人才，吴国的国势因此蒸蒸日上。

公元前512年，吴王阖闾先后灭掉了依附于楚国的小国徐国和钟吾国。之后，阖闾听从了伍子胥和孙武的建议，没有接着深入攻打楚国，而是采取分兵多路，轮番侵扰楚国的策略。楚军一年到头疲于应付吴军的肆意侵扰，搞得人困马乏，国力虚弱。

公元前506年，楚国令尹囊瓦率军围攻已归附吴国的小国蔡国，蔡国于是向吴国求救。吴国便打着兴师救蔡的旗号，由吴王阖闾亲自挂帅，孙武、伍子胥为大将，倾全国三万水陆之师直趋蔡境。囊瓦见吴军来势凶猛，不得不放弃对蔡国的围攻，回师防御本土。

当吴军与蔡军会合后，另一小国唐国也主动加入吴、蔡二军行列。于是，吴、蔡、唐三国组成联军，溯淮水浩荡西进。在淮水中行进一段路程后，孙武突然决定舍舟登陆，直插楚国纵深腹地。伍子胥不解其意，便问孙武："吴军习于水性，善于水战，为何改从陆路进军呢？"孙武回答："用兵作战，贵在神速。要做到出敌之不意，攻敌之不备。逆水行舟，行进缓慢，吴军优势难以发挥，而楚军则有时间加强防备，这样就难于攻破他们。"伍子胥听完，连连点头称是。就这样，孙武挑选了三千五百名士卒作为前锋，身披坚甲，手执利器，以迅雷不及掩耳之势穿过楚国北部大隧、直辕、冥阨三道险关，挺进到汉水东岸。

楚昭王得知吴军已经抵达汉水东岸，急派令尹囊瓦和左司马沈尹戍，倾全国兵力，赶至汉水西岸，与吴军对峙。左司马沈尹戍向令尹囊瓦建议：由囊瓦率楚军主力沿汉水西岸正面设防；而他本人则率部分兵力迂回到吴军的侧后，毁其战船，断其归路；而后与囊瓦实施前后夹击，一举消灭吴军。这本是楚军击败吴军的上策。囊瓦起初也同意了沈尹戍的建议。可是沈尹戍率部出发之后，囊瓦担心沈尹戍抢了战功，于是在沈尹戍还未到达指定位置的时候，便传令三军，渡过汉水，主动向吴军发起进攻。

孙武弃舟登陆。

楚军的主动出击，正中吴军下怀。吴军主动由汉水东岸后撤，边撤边与楚军作战，在从小别（在今湖北汉川东南）至大别（今湖北境大别山脉）的这一段距离里与楚军三次交战，三战三捷，最后在柏举与楚军决战。楚军此时已是疲惫不堪，士气低落，再加上上下异心，结果在此战中被吴军一举击溃，囊瓦弃军逃往郑国。楚左司马沈尹戍得知囊瓦主力溃败，急率本部兵马赶来救援。吴军先锋夫概部在沈尹戍部突然进击之下，损失惨重。吴军主力赶到后，孙武指挥部队迅速将沈尹戍部包围。尽管沈尹戍左冲右突，拼命厮杀，但始终无法冲出包围，无奈之下，沈尹戍命令其部下割下自己的首级回报楚王。柏举之战以吴国的胜利而告终。

柏举之战是春秋末期一次规模宏大、影响深远的战役。在柏举之战中，孙武以区区三万兵力击败楚国二十万大军，创造了中国战争史上以少胜多、快速取胜的光辉战例。战国时期军事家尉缭子曾赞道：“有提九万之众，而天下莫能当者谁？曰：‘桓公也。’有提七万之众，而天下莫敢当者谁？曰:‘吴起也。’有提三万之众,而天下莫敢当者谁？曰：‘武子也。’”（《尉缭子·制谈篇第三》）由此可见，孙武绝非纸上谈兵，其《孙子兵法》是在实战中总结出来的，并在实战中得到了验证。

商业案例

卡西欧和夏普的“以速取胜”之道

卡西欧公司一贯奉行的生产与行销策略是：“在产品成长期赚钱，而不是在成熟期赚钱！”

每当新产品上市后没多久，公司就尽量把价格压低，然后迅速推出新的产品，最大限度地缩短产品的更新周期。即使有对手想分一杯羹，面对这种速战速决的营销策略，也会觉得竞争起来非常吃力。因为这一策略要求一个企业能及时对市场和消费者需求（包括现实的和潜在的两方面）作出非常敏锐的反应，这样才能迅速抓住稍纵即逝的商机。

以生产电子产品为主的卡西欧公司竟把电波的原理运用于销售中：他们在“波谷”到“波峰”之间赚钱，而且“周期”很短。这种销售方式逐渐形成了一种声势，使其获得了许多“短线”的利润。

而吉列在与夏普较量中的失败案例也从侧面向我们证明了“兵贵神速”的正确性。

20 世纪 60 年代，美国的埃弗·夏普公司仅有 2000 万资产。一种新型的不锈钢剃刀问世之后，夏普公司敏锐地嗅到了其中蕴藏的商机，于是当即决定投资生产。而吉列公司当时已经是著名的大公司，占据了碳钢剃刀市场 90% 以上的份额。然而这一次，吉列公司的大脑却突然失灵了，只是一边反复论证该种新产品的成本与市场前景，一边采取了谨慎观望态度，结果在犹豫中让机会白白溜走。

六个月后，夏普公司的新型不锈钢剃刀投入市场，掀起了一股销售热潮，吉列公司无力与之抗衡，白白丢掉了不锈钢剃刀70%的市场。

作为市场防御者，必须具备迅速识别入侵者的意图和及时作出反应的能力，这样才能防患于未然；否则贻误了商机，就会造成重大的甚至是致命的损失。

黑松的强力经销网

商场虽然如战场，但企业经营与真正的战争相比还是有所不同。“兵贵胜，不贵久”，一个企业固然在每一次的市场竞争中讲求速战速决，总体上却需要持续发展、长久经营，既贵胜又贵久，这样才能不断成长壮大。下面黑松汽水的经营案例，就充分说明了这一道理。

作为台湾最老牌的汽水厂商，“黑松汽水”数十年来一直是汽水界名牌中的常青树。而黑松之所以能长久地立于不败之地，除了针对市场需求不断作出调整，及时生产出各款符合消费者口味的新产品外，它强有力的经销商网同样居功至伟。

黑松共有两百多家经销商，而其中大型经销商的营业额每年高达一亿元以上。为了保持与经销商这种持久而深厚的关系，并不断进行强化，黑松公司每年都要在高档的饭店或景色明媚的风景区隆重款待各位经销商，同时根据瞬息万变的市场，向从各地赶来的经销商提供各种新的经营与行销训练，使其能迎接各种新挑战。

与黑松合作的经销商大都只经销黑松品牌的饮料，而不与其他饮料品牌合作，一般经销商的利润大约为5%。正因为黑松与经销商之间形成了一种亲密无间的联系，所以在饮料界数十年来的市场竞争中，黑松能在各种行销战中取得最后的胜利，即使多次遭遇食品安全问题的冲击，也能很快渡过难关，屹立不倒。

而黑松企业能又“胜”又“久”的一个重要原因，就是做到了“卒善而养”——用优厚的待遇来留住经销商，鼓励他们为自己更加努力地工作，用少量的付出赢得了更长久的发展，这就是“胜敌而益强”。

【点评】

在《作战篇》中，孙子着重论述了战争给国家带来的影响。

孙子所处的年代，生产力低下，维持一支庞大的军队和进行旷日持久的战争往往会给国家和人民带来难以估量的负担和损失。因此，如何认识战争给国家带来的利与害，如何最大程度地减少战争给国家经济带来的不利影响，也就成为兵家的探究方向和追求的根本。

在《作战篇》中，孙子在分析了战争的持久可能给国家带来的一系列损害之后，提出了速胜的军事思想，认为用兵宁可“拙速”，不能“巧久”。接着，他又讲到了减少战争负担的具体方法，也就是“因粮于敌”，尽量在敌人的地盘上解决自己军队的吃用问题，将敌人的战车和士兵转化成自己的力量，以实现“以战养战”的目的。

后人将“兵闻拙速，未睹巧之久也”概括为“巧久不如拙速”的战争原则，历代兵家把它奉为圭臬。从战争所造成的损失和伤害来说，这无疑是正确的。尤其对此普通人，与战争相伴随的鲜血与伤痛更是挥之不去的梦魇，而战争的代价最后也会转嫁到他们头上，他们自然会不遗余力地反对统治者穷兵黩武。

但就我们每个人来说，人生中有些事情着急是没用的。一个人的成长需要岁月的磨砺；知识需要长期学习、积累和不断更新；远大目标的实现更是需要坚持不懈的奋斗；等等。这就是“心急吃不了热豆腐”“一口吃不成胖子”等俗语中所蕴含的深刻道理。

随着现代生活的节奏越来越快，社会的普遍心态也越来越浮躁，不少人一心只惦记着挣大钱、升高位，恨不能一夜暴富或者立马攀上世界之巅，或是不费吹灰之力就实现人生的全部梦想。然而，这终究是不现实的。人生虽如白驹过隙，但终究是由一分一秒、一朝一夕慢慢累积起来的，要实现理想和目标，一定要有耐心，不要怕“巧久”，要使生活中的每一秒都变得充实起来。

谋攻篇

【导读】

本篇名为“谋攻”，强调的是以谋胜敌，着重论述了谋划进攻的问题，提出了“不战而屈人之兵”和“上兵伐谋”的原则，以及“必以全争于天下，兵不钝而利可全”的战略指导思想，揭示了“知己知彼，百战不殆”的著名军事规律。

【原文】

孙子曰：凡用兵之法，全国为上，破国次之①；全军为上，破军次之；全旅为上，破旅次之；全卒为上，破卒次之；全伍为上，破伍次之②。是故百战百胜，非善之善者也③；不战而屈人之兵，善之善者也。

故上兵伐谋④，其次伐交⑤，其次伐兵⑥，其下攻城。

攻城之法为不得已。修橹轒辒⑦，具器械，三月而后成，距闉⑧，又三月而后已。将不胜其忿而蚁附之⑨，杀士三分之一而城不拔者，此攻之灾也。

故善用兵者，屈人之兵而非战也[⑩]，拔人之城而非攻也，毁人之国而非久也，必以全争于天下，故兵不顿而利可全[⑪]，此谋攻之法也。

故用兵之法，十则围之[⑫]，五则攻之，倍则分之，敌则能战之[⑬]，少则能逃之，不若则能避之[⑭]。故小敌之坚，大敌之擒也[⑮]。

【注释】

①全国为上，破国次之：以自己实力为后盾，完整地使敌方降服为上策；而通过战争，攻破敌方城池则稍逊一筹。全，全部、完整。国，春秋时主要指都城，有时也包括外城及周围地区。

②伍：都是古代军队的编制单位。旧说一万二千五百人为军，五百人为旅，百人为卒，五人为伍。不过，春秋以后，各诸侯国军队编制不完全一样。

③非善之善者也：不是好中最好的。

④上兵伐谋：用兵的最高境界是用谋略战胜敌人。上兵，上乘的用兵之法。伐谋，以谋略攻敌赢得胜利。伐，进攻、攻打。谋，谋略。

⑤伐交：指通过外交途径，分化瓦解敌人的盟友，巩固扩大自己的同盟，使敌人陷入孤立的境地，最后不得不屈服。

⑥伐兵：以武力战胜敌人。

⑦修橹轒（fén）辒（wēn）：制造大盾和攻城用的四轮大车。修，制作、制造。橹，这里指藤革等材料制的大盾牌。辒，攻城用的四轮大车，是以桃木制成，外蒙生牛皮，可以容纳十余人。

⑧距闉（yīn）：指为攻城做准备而堆积的高出城墙的土山。闉，

同“堙”，土山。

⑨蚁附之：指士兵像蚂蚁一样爬梯攻城。

⑩非战：指不用交战的办法，而用“伐谋”、“伐交”等方法迫使敌人屈服。

⑪顿：同“钝”，这里是疲惫、挫折的意思。

⑫十则围之：有十倍于敌人的兵力，就要四面包围他。

⑬敌则能战之：指同敌人兵力相等时，要设法战胜敌人。敌，这里指兵力相当、势均力敌。

⑭不若则能避之：指当各方面条件均不如敌人时，要设法避免与敌交战。

⑮小敌之坚，大敌之擒：力量弱小的军队，如果一味固守硬拼，就会为强大的敌人所俘虏。

【译文】

孙子说：大凡用兵的指导法则，使敌国完整地降服为上策，击破它就次一等；使敌军完整地降服为上策，击破它就次一等；使敌人全旅完整地降服为上策，击破它就次一等；使敌人全卒完整地降服为上策，击破它就次一等；使敌人全伍完整地降服为上策，击破它就次一等。因此，百战百胜，还不算是高明中的高明；不出战就能使敌人屈服，才是高明中的高明。

所以，用兵的上策是用谋略来战胜敌人，其次是在外交上封锁、孤立敌人，再次是直接出兵击败敌人，下策是攻打敌人的城池。

选择攻城是迫不得已的办法。建造攻城用的大盾和四轮大车，准

● 上兵伐谋

— 巧用谋略来取得胜利是用兵之道的最高境界。

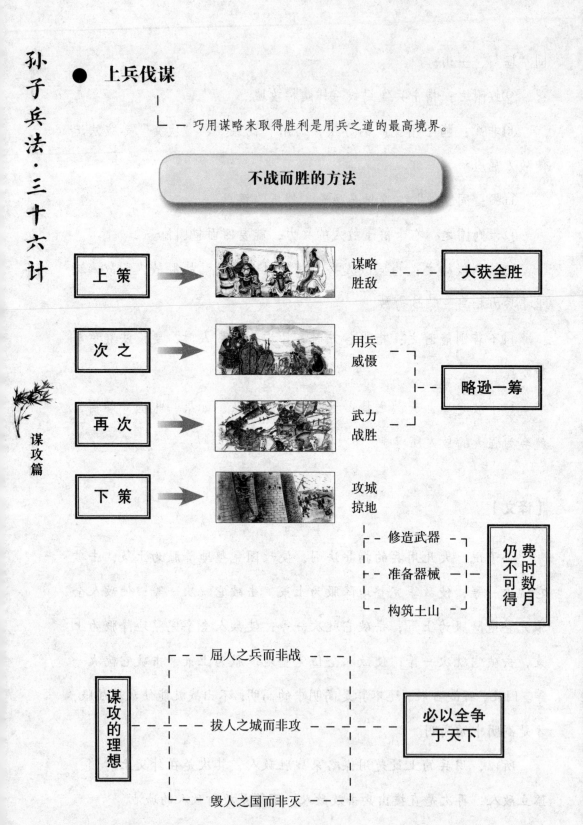

不战而胜的方法

上策 →  谋略胜敌 —— 大获全胜

次之 →  用兵威慑 —— 略逊一筹

再次 →  武力战胜 —— 略逊一筹

下策 →  攻城掠地

- 修造武器
- 准备器械
- 构筑土山

—— 费时数月 仍不可得

谋攻的理想

- 屈人之兵而非战
- 拔人之城而非攻
- 毁人之国而非灭

—— 必以全争于天下

● 小敌之坚，大敌之擒

弱小的军队如果只知坚守硬抗，就可能成为强大敌人的俘虏。实力悬殊时，要灵活应对、见机行事，才能成事。

用兵之法

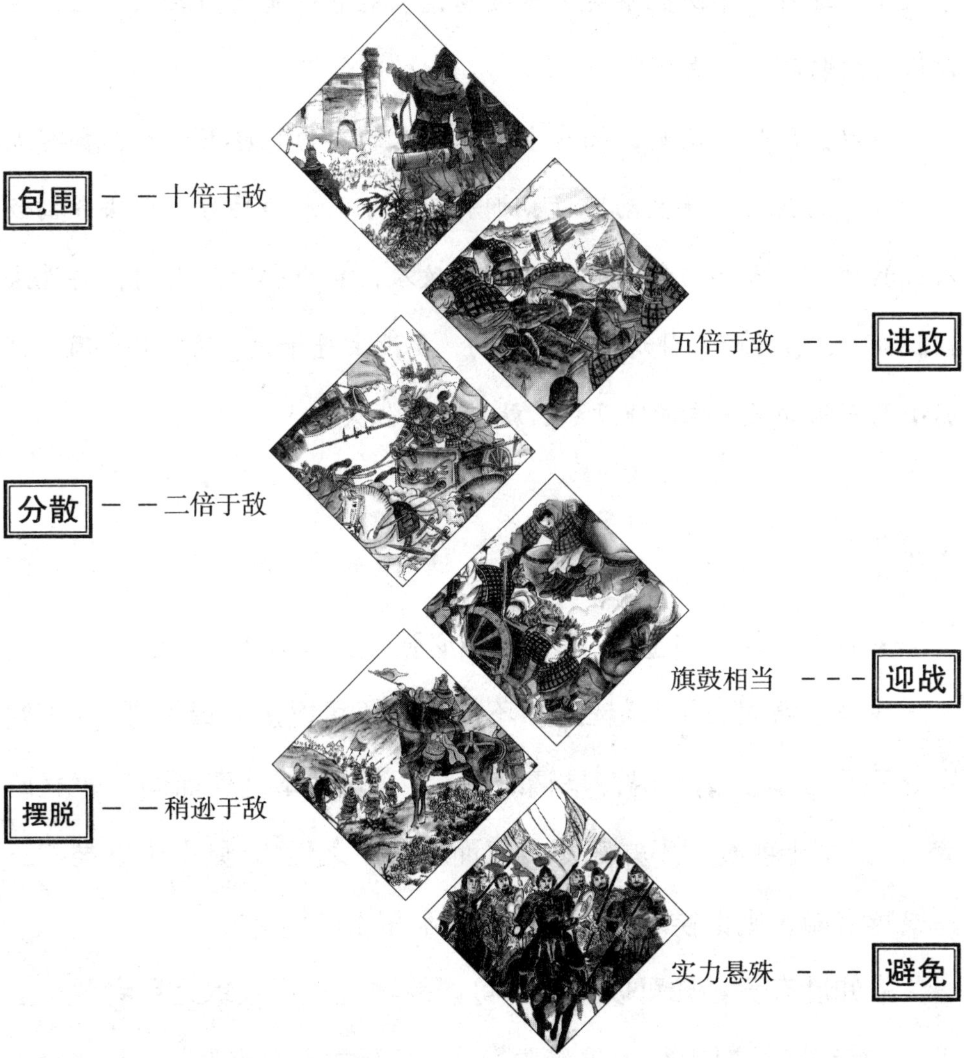

备攻城的器械，费时三个月的工夫才能完成。而构筑攻城用的土山，又要花费三个月才能完成。如果主将不能控制自己愤怒焦急的情绪而驱使士兵们像蚂蚁一样爬梯攻城，士兵伤亡了三分之一，而城池未能攻克，这就是攻城所带来的灾难。

所以，善于用兵的人，使敌军屈服不是靠交战，夺取敌人的城池不是靠强攻，灭亡敌人的国家不是靠久战。一定要用全胜的谋略争胜于天下。这样，军队既不会劳累疲惫，又能取得完满的胜利。这就是以谋略攻取敌人的法则。

所以，用兵的法则，拥有十倍于敌人的兵力就包围敌人；拥有五倍于敌人的兵力，就主动进攻；拥有两倍于敌人的兵力就设法分割敌人；兵力同敌人相当的，要设法战胜敌人；兵力少于敌人的，要设法摆脱敌人；各方面条件均不如敌人的，要设法避开敌人的锋芒。因此，弱小的军队如果一味固守硬拼，就会成为强大敌人的俘虏。

【原文】

夫将者，国之辅也[①]。辅周则国必强，辅隙则国必弱[②]。

故君之所以患于军者三[③]：不知军之不可以进而谓之进[④]，不知军之不可以退而谓之退，是谓縻军[⑤]。不知三军之事而同三军之政者[⑥]，则军士惑矣。不知三军之权而同三军之任[⑦]，则军士疑矣。三军既惑且疑，则诸侯之难至矣，是谓乱军引胜[⑧]。

故知胜有五：知可以战与不可以战者胜；识众寡之用者胜；上下同欲者胜[⑨]；以虞待不虞者胜[⑩]；将能而君不御者胜[⑪]。此五者，知胜之道也。

故曰：知彼知己者，百战不殆[12]；不知彼而知己，一胜一负；不知彼，不知己，每战必殆。

【注释】

①辅：辅助，这里引申为助手。

②隙：缺陷、漏洞。

③患：危害。

④谓：告诉，这里是命令的意思。

⑤是谓縻（mí）军：这叫作束缚军队。縻军，束缚军队，使军队不能相机而动。縻，束缚、羁縻。

⑥同：共，这里是参与、干预的意思。政：这里指军队的行政。

⑦权：权变、权谋。任：统率、指挥。

⑧引：引导、导致。

⑨同欲：同心、齐心。

⑩以虞待不虞者胜：指自己在有准备的情况下对付没有准备的敌人就能获胜。虞，有准备。

⑪御：驾驭，这里是牵制、干预的意思。

⑫殆（dài）：危险，失败。

【译文】

将帅，是国君的助手。如果辅助周密得力，国家就必定强盛；如果辅助上有缺失疏漏，国家就必定衰弱。

● 将者，国之辅也

将帅是国君的左膀右臂，将帅能力的强弱，与君主关系的亲疏，都会影响国家的兴衰。

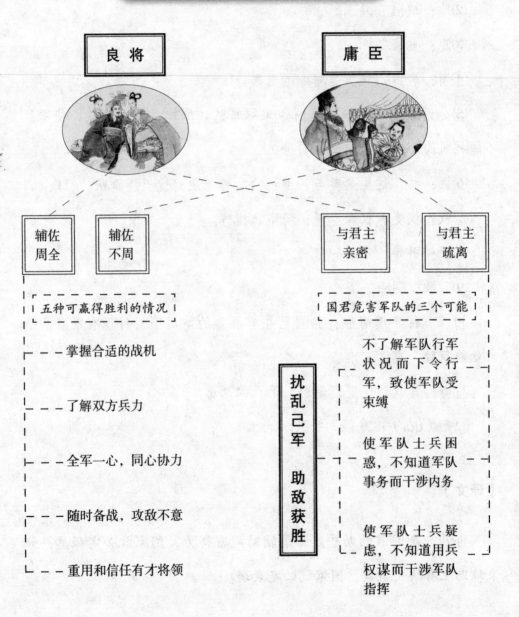

辅臣优劣可影响国家运势

良将

庸臣

辅佐周全

辅佐不周

与君主亲密

与君主疏离

五种可赢得胜利的情况

- 掌握合适的战机
- 了解双方兵力
- 全军一心，同心协力
- 随时备战，攻敌不意
- 重用和信任有才将领

国君危害军队的三个可能

- 不了解军队行军状况而下令行军，致使军队受束缚
- 使军队士兵困惑，不知道军队事务而干涉内务
- 使军队士兵疑虑，不知道用兵权谋而干涉军队指挥

扰乱己军　助敌获胜

国君可能对军队产生危害的情况有三种：不知道军队不能前进而强令军队前进，不知道军队不能后退而强令军队后退，这叫作束缚军队；不懂得军中事务而去干预军队的行政，就会使将士们产生迷惑；不懂得军事上的权谋机变而去干涉军队的指挥，就会使将士们产生疑虑。军队既迷惑又心存疑虑，那么其他诸侯乘机进攻的灾难就随之而来了，这就叫作扰乱自己的军队而导致敌人的胜利。

所以，能够预知胜利的情况有五种：知道什么情况下可以打，什么情况下不能打的，能够取得胜利；懂得根据兵力多寡而采取不同战法的，能够取得胜利；上下一心的，能够取得胜利；事先有所准备来对付事先没有准备的，能够取得胜利；将帅贤能而国君不掣肘的，能够取得胜利。这五条，就是预知胜利的方法。

所以说，既了解敌人，又了解自己的，百战百胜；不了解敌人而了解自己的，胜负参半；既不了解敌人，又不了解自己的，每战必败。

实用谋略

韩信尺书平燕地

孙子强调打仗时应以谋胜敌，提出了“不战而屈人之兵”和“上兵伐谋”的原则。“韩信尺书平燕地”的事迹，集中体现了这些军事原则。

公元前204年，韩信率军攻赵，赵军在井陉设防，准备迎击韩信。赵将陈余不听谋士李左车的建议，没有发兵袭击韩信的粮草辎重，后反被韩信设计诱出，二十万赵军遭到全歼。战后，韩信悬赏千金捉拿李左车。

韩信发出悬赏令后只过了几天，就有人报告说已经生擒了李左车。韩信下令把李左车押入帐中，诸将侧立两旁，旁人都以为这只是在斩李左车之前行个仪式罢了。谁知李左车进来后，韩信竟站起身来相迎，并亲自为李左车解开绳索，还叫人为李左车搬来椅子，自己则在旁边陪坐，就仿佛弟子见了老师一般，态度格外恭敬。

韩信极为客气地问李左车："在下想要向北攻燕，再向东伐齐，如何才能取得成功？"李左车皱着眉头说："我一个亡国大夫，不期待着苟活于人世，还是请将军另择高明吧！"

韩信说："在下听说百里奚在虞国的时候，不曾拯救虞国的危亡；等到了秦国，却辅佐秦穆公成就了霸业。这并不是他为虞国献出的谋略拙劣，为秦国献出的谋略巧妙，只是用与不用，听与不听的问题罢了，所以才导致先后结果不同。要是陈余听从了您的计策，现在被捆着的恐怕就是在下了。如今在下是虚心求教，请您不要推辞了。"

李左车听完这番话很受感动，他对韩信说："将军渡过西河，俘虏了魏王，擒了夏说；又东下井陉，仅仅半天的时间，就破了二十万赵军，诛杀了赵王，威震天下，这是将军的长处。但经过连续作战，军队已经疲惫不堪，不能再战了。如今您要引军攻燕，燕人如果凭城固守，您会陷入欲战不得、日久粮尽的尴尬境地。燕国不能攻克，齐国又在东面称强，两国相对峙，那么刘邦和项羽谁胜谁负，就很难说了，这是继续进攻的短处。自古以来，良将用兵都是用长击短，切不可用短击长啊。”

韩信听了，连连称是，又接着问：“那么现在应当用什么策略？”李左车说：“我为将军谋划，不如先安兵息甲，镇抚赵民，犒赏将士，鼓舞士气。再暗中派一名能言善辩的谋士，拿着您的书信去拜见燕王，向他详陈利害，燕王畏惧将军的威名，想来不敢不从。等到燕国归降，再向东进攻齐国。齐国到那时已然孤立，不亡还等什么！即使有智谋之士，也无法挽救其危亡了。这就是‘不战而屈人之兵’的战法，请将军赶紧决定吧。”

韩信听了，不禁鼓掌叫好，立即派出一名说客，持书赴燕。不出李左车所料，燕王臧荼畏威乞降，马上写了降书，让使者带回来。韩信得了燕王降书，便派人报知刘邦，并且请求加封张耳为赵王，自己则整军备战，准备攻齐。韩信平燕正是借助“谋攻”不战而胜的典型例子。

苏秦谏齐王伐宋

孙子认为，在外交上孤立封锁敌人，是战胜敌人的一种计谋。“苏秦谏齐王伐宋”的事迹就是对孙子这一思想的最好证明。

战国中后期，燕国发生内乱，齐国趁机派兵攻燕，仅五十余天就占领燕国全境。后来，赵武灵王护送燕公子职回国，立为燕昭王。

燕昭王即位后，广纳贤士，积极准备对齐国进行大规模的报复行动。这时，洛阳人苏秦来到燕国，得到燕昭王重用。

此时，齐、秦并称为东、西二帝，并且两国准备合力攻打赵国。如果赵国被打败，土地就会被齐、秦瓜分，到那时齐国的国力就更强大，这对燕国来说，是极为不利的。燕昭王担心不能复仇，所以心里很忧虑。

苏秦猜到燕昭王的心意，因此主动请缨，请求出使齐国，实施对齐国的报复计划。燕昭王很高兴，于是派苏秦去了齐国。

苏秦来到齐国，见到齐王，开门见山地说："齐、秦并称二帝，天下人是尊齐，还是尊秦呢？"

齐王说："秦国强大，天下人自然是尊秦。"

苏秦又问："那么齐国放弃帝号，天下是爱齐呢，还是爱秦？"

齐王道："当然是爱齐了。"于是，齐王有心放弃帝号。

苏秦猜透了齐王的心思，便瞅准时机，又继续说："两帝并立，共约伐赵，与齐军独自攻宋，哪一个更有利呢？"

齐王回答："当然伐宋有利！"

苏秦接着劝齐王："如果我们同秦一样称帝，天下只尊秦国；如果我们放弃帝号，天下就爱齐而憎秦，共约伐赵又不如单独伐宋。因此，我主张您放弃帝号以顺应民心。"

齐王听从苏秦建议，联合赵国在阿地会盟，约定共同抗秦，秦、齐关系交恶。

不久，苏秦又鼓动齐国进攻秦国的盟友宋国，最终灭掉宋国，但齐国的实力也遭到严重削弱。燕昭王看准时机，联合各国诸侯，以乐毅为统帅，一起讨伐齐国。最终，燕国不但成功复仇，还连克齐国七十多座城池，并掠走齐国大量金银财宝。

燕昭王以苏秦游说齐国，苏秦劝齐王去掉帝号，挑拨齐、秦的关系，又力劝齐王伐宋，以削弱齐国国力，为燕昭王复仇创造了条件，这则故事真可谓是“伐交”的典型范例。

名家论《孙子兵法》

“谋”在《孙子》书中主要是指“计”。这个“计”字，现在人们往往已不了解其本义。实际上它的本义是指计算，即出兵前在庙堂上使用一种叫算或筹、策的古老计算工具进行计算。

——李零

赤壁之战

“谋攻”的思想主要包含两个层次：一个是“不战而屈人之兵”；一个是在不得已而用兵作战的情况下，尽可能减少损失，实现破中求全。赤壁之战中，孙、刘联军在敌强我弱不得已而用兵的情况下，巧施计谋，最终击败了强大的曹操。

基本统一北方之后，曹操于建安十三年（公元 208 年）正月回到邺城（在今河北临漳西南），开始着手准备南征事宜。

为了解决后顾之忧，曹操一面逼汉献帝封自己为丞相，进一步巩固了自己的地位；一面又上表天子册封驻守关中地区的马腾和马超父子，又令马腾及其家属迁至邺城作为人质，减轻了来自后方的威胁。

同年七月，曹操挥师南下，攻打荆州（今湖北、湖南一带）。八月，荆州牧刘表病死，其子刘琮继位。当时，刘备依附于刘表，又三顾茅庐请诸葛亮出山，率军驻扎在樊城，准备抵御曹军的进攻。刘琮无能，唯恐不敌曹军，便背着刘备偷偷降了曹操。直到曹操大军抵达宛城时，刘备才意识到刘琮已降，心中又惊又怒，为了避免陷入孤立，只能弃城南逃。

刘琮手下的不少人和荆州的百姓听说刘琮打算投靠曹操，于是纷纷归附刘备，随他一起逃走，结果大大延缓了刘备军队的行进速度。有人劝刘备扔下百姓先走，刘备心中不忍，断然拒绝，最后被曹军精骑追上。刘备兵微将寡，不敌曹军，只带着张飞、赵云、诸葛亮等数十骑逃走。曹军夺得刘备军马、辎重不计其数。

此时，孙权盘踞江东已久，当时还击败江夏守将黄祖，攻克夏口，占领了江夏数县，打开了西入荆州的门户，正相机吞并荆、益二州（成都）。听闻曹军南下，孙权遂派鲁肃前往荆州，劝说刘备与己方联合。此后，刘备与关羽水军会合，加上刘表长子刘琦所部一万余人，一起退守夏口。

十月，曹操留曹仁驻守江陵，自己亲率大军南下。诸葛亮见形势危急，于是主动向刘备请求出使东吴，然后与鲁肃一同前往柴桑（在今江西九江西南）。刘备也移师长江南岸，驻军樊口。

来到东吴后，诸葛亮故意用激将法刺激孙权，发现他并不愿受制于曹操，只是他看到对方人多势众，担心无法与之匹敌。于是诸葛亮就当前形势向孙权进行了详细分析，指出曹军有几项弱点：劳师远征，连续作战，士卒疲惫；曹军多为北方人，不习水战；时值初冬，粮草缺乏；水土不服，必生疾病。诸葛亮表示只要利用好曹军的这些弱点，再联合刘备抗曹，是可以取胜的。孙权终于答应联刘抗曹。

曹操占领荆州之后，派人给孙权送来一封劝降书，其中隐含着恐吓之意。孙权立即召集群臣商议对策，以张昭为首的文官主降，而以老将黄盖为代表的武官坚决主战，两派各持己见，争论不休。孙权一时也难以决断。鲁肃则告诉孙权，如果他自己投降曹操，还可继续为官，而孙权本为一方之主，即使投降，也不会为曹操所容，那些主张投降的人都是只顾自己利益，不足以采信。孙权认同了鲁肃的看法。

驻守鄱阳的周瑜听说此事后，星夜赶回，在孙权面前就曹军弱点逐一进行了分析，与诸葛亮的观点大致相同；继而指出来自中原的曹军不过十五六万，而且久战之下多已疲惫；而曹军中的荆州降卒七八万人与曹操并不同心，不会为曹操卖命死战。最后，周瑜表示只要自己统率五万精兵就可以战胜曹操。

至此，孙权终于下定抗曹决心，并当众拔剑砍下桌角，说："诸将吏敢复有言当迎操者，与此案同！"于是任命周瑜和程普为左右都督，命其率三万精锐水师与刘备共同抗曹，孙权本人则亲为后援，替大军运输辎重粮草。

十二月，周瑜率军与刘备在樊口会合，两军五万人一起逆水而上，行至赤壁，与正在渡江的曹军相遇。当时在曹军中瘟疫流行，新编水军与荆州水军配合尚不默契，士气也较为低落，结果双方刚一交战，曹军即大败而回。初战不利，曹操不得不将战船停靠在长江北岸，继续操练水军，等待良机。周瑜则把战船停靠在南岸，隔长江与曹军对峙。

由于江面上风急浪颠，曹操军中的北方士兵晕船现象极其严重，更不要提作战了，曹操便下令用铁索将舰船首尾相连，中间搭上木板，这样，人马在船上行走如履平地。黄盖于是向周瑜建议说，如今敌众我寡，难以战胜敌人，现在曹军船舰首尾相连，正可采用火攻将其消灭。周瑜采纳了这一计策，并与黄盖上演了一出“苦肉计”。黄盖写信向曹操诈降，骗取了他的信任。

准备就绪后，黄盖率蒙冲（一种用于快速突击的小战船）、斗舰数十艘，上面满载干草，灌以油脂，并插上旌旗龙幡巧加伪装，乘着风势快速驶向曹军战船。曹军官兵毫无防备，还在引颈观望。在距离曹军二里处时，黄盖下令点燃柴草，自己则登上后面的战船，然后解开绳索。小船顺着大风如箭一般直接冲入了曹军水寨，风助火势，火借风威，曹军舰船被铁索相连，无法解开，霎时间变成了火海，大火还顺势蔓延至岸上的营寨，曹军人马烧死、溺死的不计其数。

对岸的孙刘联军趁机擂鼓向前，横渡长江，曹军士兵不敢恋战，纷纷逃命。曹操眼见败局已定，当即烧毁剩下的战船，引军从华容小道（今湖北监利北）退走，周瑜、刘备军队水陆并进，一直尾随追击。此战中曹军伤亡过半，孙刘联军取得了赤壁之战的胜利。

赤壁之战后，曹操失去了在短时间内统一全国的可能性，而孙刘两家则凭借此次大胜开始发展壮大各自的势力。可以说，赤壁之战对确立三国鼎立的局面具有决定性意义。

实力上处于劣势的孙刘联军，能正确分析形势，针对曹军弱点综合运用《孙子兵法》所提出的“伐谋”“伐交”“伐攻”“用间”“火攻”等策略，最终成就了这场以少胜多、以弱胜强的著名战役。

● 知彼知己，百战不殆

既要掌握敌军情报，也要清楚我军情况，这样才能做到百战百胜。

掌握全面信息才可制胜

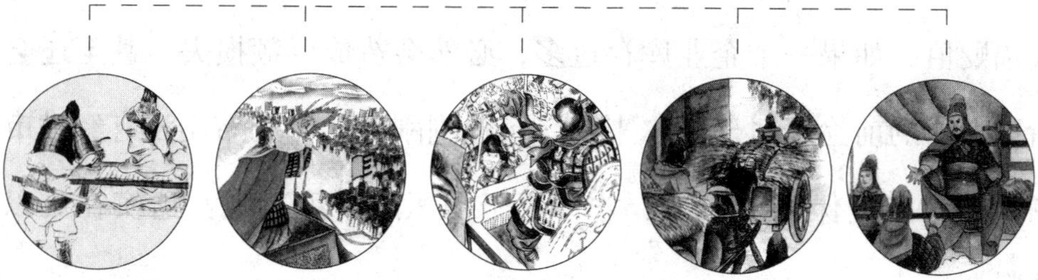

战机的判断　军队规模和战术　上下团结一致　万全的准备　有能力的将领

	认识状况		结 果
	对方（敌方）	自己（己方）	
1	○	○	百战百胜
2	×	○	一胜一败
3	×	×	一败涂地

商业案例

“戴尔”的不战而屈人之兵策略

“戴尔”是PC业的一个传奇，它成立于1984年，然而仅仅用了17年时间，就成功超越了“康柏”，成为全球PC业的头号供应商。而戴尔的成功，正是与它采用“不战而屈人之兵”的策略有着很大关系。

戴尔刚刚成立的时候，PC业的发展前景并没有想象的那么乐观，它正面临着一个难题：PC市场的每一次变化，都会导致原有库存的大幅贬值，如果一个企业库存过多，必然会造成巨额损失，甚至还会断送企业的前途。对于戴尔来说，企业刚刚成立，产品还没有经过市场检验，产量保持在多少，才不至于积压过多库存呢？这实在难以预料。

为此，戴尔制定了一种新型的运营模式，即摒弃库存，将产业中传统上以供给来决定需求的模式，转变为以顾客订单的时间、数量来决定供给的模式。

通过运转这一模式，戴尔可以随时获得准确而即时的需求信息，从而大大提升了生产效率。而当市场出现变化的时候，戴尔也能比竞争对手更快地把握市场变化趋势，将新技术、新产品迅速推上一个利润空间更大、竞争压力更小的市场。这时，其他竞争对手也接受了戴尔的运作方式，自愿与戴尔保持同步，成为戴尔运营体系中的一个环节，从而形成一个强势的战略联盟，而戴尔无疑成为这一联盟的主宰者。

战略联盟形成后，对于每一次的产品升级和市场变化，戴尔都能以 PC 业中最快的存货流通速率创造时间差，形成先发优势，使自己在一定时间内处于无竞争状态，实现了“不战而屈人之兵”的目的。在这种情况下，戴尔的胜出也就不足为奇了。

麦当劳旋风

所谓“以全争胜于天下”，运用在商场上，就是传达了运用谋略的重要性，麦当劳的营销方式正是其中的典范。

麦当劳是大型的连锁快餐集团，在全世界六大洲百余个国家均设有分店，主要出售汉堡包、炸鸡、薯条、沙拉、水果、汽水、冰品等。对于很多人来说，提到快餐店，第一反应就是麦当劳和肯德基，其品牌之深入人心可见一斑。

1940 年，麦当劳兄弟——迪克·麦当劳和马克·麦当劳在加州洛杉机附近成立了第一家餐厅，然后迅速壮大，席卷全球。

如今，麦当劳在全世界的连锁店达三万多家，营业额更达上百亿美元。麦当劳的标志性金色拱门，早已成为各大城市街头的醒目标识。平均下来，每 17 个小时就有一家新的麦当劳连锁店在美国及世界各地开张。

各连锁店内干净卫生、明亮整洁，加上优雅的旋律，更能让人放松心情。在享用美食的同时，或者让身心尽情休憩，或者让自己与朋友欢快谈笑，或者让人安静看书上网。

总之，进入麦当劳，让人感觉是一种享受。正因如此，麦当劳每天都能吸引大批顾客上门，其中又以小朋友与年轻人居多。不过，麦当劳并不因目前的业绩感到满足，它们还在不断开发各种新口味的食物和饮品，希望以更优质的服务来留住客人，并争取更广大的市场。它的经营方式也逐渐推广开去，为其他各类快餐店所效仿。

【点评】

在《谋攻篇》中，孙子提出了“上兵伐谋，其次伐交，其次伐兵，其下攻城”的战略思想，在整部《孙子兵法》中，到处都渗透着孙子对于“全胜”的追求。将战争的成本降至最低，而将战争的收益扩至最大，这可以作为“全胜”的另外一种诠释。实际上，无论是“伐谋”“伐交”“伐兵”，还是“攻城”，都是“谋攻”的具体表现形式，是谋略的作品。战之万变，皆在谋中，而善用谋者，总能以最小的损失换得最大的胜利，最终达到“以全争于天下”的目的。

在军事领域中，“伐谋”关系着将士的生死、国家的存亡；在经济领域中，“伐谋”关系着企业的兴衰；在个人事业中，“伐谋”关系着事业的成败乃至人生价值的高低。要想建功立业、实现个人价值，务必要善于伐谋、精于伐谋，只有如此方能达到“不战而屈人之兵”的效果。

在《谋攻篇》的最后，孙子提出了一条战争中最为真实朴素的规律，即“知彼知己，百战不殆”。所谓“知彼知己”，就是把敌我双方各方面的条件加以估计比较，以探求战争胜败的形势。具体的分析方法便是《计篇》当中的“五事”和“七计”，这实际上是战争前不可逾越的一步，战争双方哪一方能够更加深入地去“知己”和“知彼”，哪一方的胜算也就更大。

而如今，这一原则早已超越了军事范畴，成为指导人们进行实践活动的基本规律。

用于商业，它要求全面了解对消费者的定位是否准确，自己的产品是否适应市场需求，主要竞争对手的情况等；用于求职，它要求全面了解自己的长处和短处，招聘单位的性质，面试时还包括考官的真实意图等；用于交际，它指导我们更全面地认识彼此，以免错失良友或遇人不淑；等等。我们甚至可以说，生活中时时处处都需要牢记“知彼知己，百战不殆”这条真理。

知彼固然不易，真正知己却更难，知己知彼自然难上加难，需要的是智慧、决心和勇气，还有最重要的实践。

军形篇

【导读】

本篇主要论述攻守时的形势，提出“先为不可胜，以待敌之可胜”，即首先要确保自己立于不败之地，然后寻求敌人的可乘之隙，以压倒性的优势击败敌人，从而达到“自保而全胜”的目的。

【原文】

孙子曰：昔之善战者，先为不可胜①，以待敌之可胜②。不可胜在己，可胜在敌。故善战者，能为不可胜，不能使敌之可胜。故曰：胜可知而不可为③。

不可胜者，守也；可胜者，攻也。守则不足，攻则有余④。善守者，藏于九地之下；善攻者，动于九天之上⑤，故能自保而全胜也。

见胜不过众人之所知⑥，非善之善者也；战胜而天下曰善，非善之善者也。故举秋毫不为多力⑦，见日月不为明目，闻雷霆不为聪耳⑧。

古之所谓善战者，胜于易胜者也。故善战者之胜也，无智名，无勇功。故其战胜不忒[9]，不忒者，其所措必胜[10]，胜已败者也。故善战者，立于不败之地，而不失敌之败也。是故胜兵先胜而后求战，败兵先战而后求胜[11]。善用兵者，修道而保法，故能为胜败之政[12]。

兵法：一曰度[13]，二曰量[14]，三曰数[15]，四曰称[16]，五曰胜。地生度，度生量，量生数，数生称，称生胜。故胜兵若以镒称铢[17]，败兵若以铢称镒。胜者之战民也，若决积水于千仞之谿者，形也。

【注释】

①先为不可胜：先创造条件，使敌人不能战胜自己。为，造就、创造。不可胜，指我方不致被敌人打败。

②待：等待、寻找、捕捉。

③胜可知而不可为：指胜利是可以预知的，但敌人是否会出现破绽从而被我击败，则不是我所能决定的。

④守则不足，攻则有余：采取防守的办法，是因为自身的力量处于劣势；采取进攻的办法，是因为自身的力量处于优势。

⑤九地、九天：九地极言深不可测，九天极言高不可测。

⑥见：预见。不过：不超过。知：认识。

⑦秋毫：用来比喻最轻微的事物。

⑧闻雷霆不为聪耳：能够听到雷霆声算不上耳朵灵敏。聪，指听觉灵敏。

⑨不忒（tè）：意思是无疑误，确有把握。忒，失误，差错。

⑩措：筹措、措置。

⑪求胜：希求胜利，这里含有希望侥幸取胜的意思。

⑫政：主其事叫作“政”，这里引申指决定、主宰。

⑬度：度量土地幅员。

⑭量：容量，这里指战场容量。

⑮数：数量，指计算兵员的多寡。

⑯称：权衡，这里指双方力量的对比。

⑰镒（yì）、铢（zhū）：都是古代的重量单位。一镒为二十四两，一两为二十四铢。这里用来比喻两军实力的悬殊。

【译文】

孙子说：从前善于用兵的人，先创造条件使自己不被敌人战胜，然后等待可以战胜敌人的时机。不被敌人战胜的主动权掌握在自己手里，能否战胜敌人则取决于敌人是否留下可乘之机。所以，擅长作战的人，能（创造条件）使自己不被战胜，而不能保证敌人一定为我所战胜。所以说：胜利可以预见而不可强求。

不能战胜敌人的时候，就要加强防守；能战胜敌人的时候，就应该发起进攻。防守是因为取胜条件不足，进攻是因为取胜条件有余。善于防守的人，就像深藏于地下（而使敌人无从下手）；善于进攻的人，就像从九天之上发动攻击（而使敌人无从逃避）。如此，就能自我保全，从而大获全胜。

对胜利的预见不超过一般人的见识，不算高明中的高明；因为战胜而被天下人说好，不算高明中的高明。这就像能举起秋毫的不算力大，能看见日月的不算目明，能听到雷霆之声的不算耳聪一样。古时候所说的善战之人，都是战胜那些容易战胜的敌人。所以那些善战之人即使胜利了，也不会留下智慧的名声，不会表现为勇武的战功。他们取得胜利是毫无疑问的。之所以毫无疑问，是因为他们所采取的作战方略和部署是合理的，战胜的是已经处于失败地位的敌人。所以善战之人，总是确保自己立于不败之地，而又不放过任何击败敌人的机会。因此，胜利的军队总是先从各方面寻求战胜敌人的条件，然后与之交战；失败的军队总是先与敌人交战，然后才希求侥幸获胜。善于用兵的人，能够从各方面修治“先胜”之道，确保“自保而全胜”的法度，因而能掌握战争胜负的决定权。

兵法上用五条法则来估计胜利的可能性：一是“度”，二是“量”，三是“数”，四是“称”，五是“胜”。根据战场地形的实际情况，

● 先为不可胜

善于用兵的人，先创造条件使自己不会被敌人战胜，然后等待可以战胜敌人的时机。

如何做到不可战胜

使自己立于不败之地

加强自身防务建设，形成牢固的防守形势

战术上完善准备，使军队进可攻，退可守

审时度势，对敌我双方实力进行综合对比

整顿军纪，鼓舞士气，并对制度进行修整，使敌军没有可乘之机

作出利用地形的判断；根据对战场地形的判断，计算出战场容量的大小；根据战场容量的大小，计算出双方兵力的多寡；根据双方兵力的多寡，判断出双方军事实力的强弱；根据双方军事实力的强弱，判断出作战的胜负。所以，胜利的军队（对失败的军队），就好像以镒称铢（那样居于绝对优势的地位）；失败的军队（对胜利的军队），就好像以铢称镒（那样居于绝对劣势的地位）。胜利者在指挥军队作战时，就像决开了千仞之上的溪水（那样势不可当），这就是所谓的“形”。

自保而全胜

确立优势地位，创造有利条件，先确保军队立于不败之地，再寻求敌人的可乘之机。

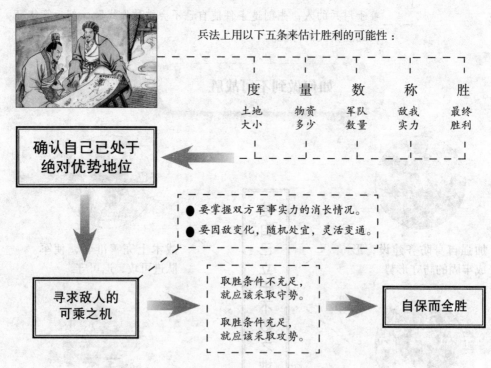

兵法上用以下五条来估计胜利的可能性：

度	量	数	称	胜
土地大小	物资多少	军队数量	敌我实力	最终胜利

→ 确认自己已处于绝对优势地位

- 要掌握双方军事实力的消长情况。
- 要因敌变化，随机处宜，灵活变通。

寻求敌人的可乘之机 → 取胜条件不充足，就应该采取守势。取胜条件充足，就应该采取攻势。 → 自保而全胜

实用谋略

隋文帝先备后战灭陈国

孙子在论述攻和守时，强调首先要确保自己立于不败之地，然后寻求敌人的可乘之隙，最终在条件成熟的情况下，一鼓作气消灭敌人。隋文帝灭陈的事迹，便很好地体现了孙子的这一思想。

南北朝后期，当时的北周丞相杨坚受禅让而继帝位，建立隋朝，是为隋文帝。当时，南方陈朝与隋隔江对峙，而北部尚有游牧民族突厥不时南侵。尽管新建的王朝力量单薄，但隋文帝胸怀大志，决心先灭突厥，后灭陈国，一统天下。

为了增强国力，隋文帝在政治、经济等方面进行了一系列改革，他精简政府机构，鼓励农耕，提倡习武，在他的精心治理下，隋朝政权巩固，社会安定，人口增长迅速。

开皇三年（公元583年），隋军北上攻打突厥。为了稳住陈朝，以免其趁机进攻，导致自己腹背受敌，隋文帝对陈朝采取了十分“友好”的策略：每次抓获陈国间谍，不但不杀，反而以礼相待并送还；如果有人前来投靠，只要是陈国人，必定加以拒绝。

在击溃了突厥之后，隋文帝开始着手实施灭陈大计。但中间隔着长江天险，如果贸然进攻，很难一举成功。“不可胜者，守也”，隋文帝不急不躁，在耐心等待时机的同时，不断为自己创造获胜的条件。

每到收获季节，隋文帝就调集大军，集结于长江沿岸，并大肆制造渡江攻陈的舆论。陈朝只能每次都紧急征调人马，结果不得不放弃田里的农活，延误了农时，影响了收成。江南的粮仓多是用竹木搭建而成的，隋文帝就派间谍偷偷潜入陈国纵火，陈国的粮仓多次被焚毁。这样过了几年，直接造成陈朝国库空虚，军队疲惫，国力日渐衰弱。

“守则不足，攻则有余。”面对上述有利形势，隋文帝判断灭陈的时机已经成熟，“可胜者，攻也”，于是果断任命杨素为水军总管，日夜操练水军。隋军屯兵大江前沿，每次换防时都故意虚张声势。陈军惊惧不已，以为隋军要渡江进攻，急忙调大军来防。时间久了，陈军疲于应付，劳累不堪，然而始终不见隋军进攻，渐渐地就放松了警惕。渡江前夕，隋军这边又派出大批间谍潜入敌国进行骚扰、破坏，搅得陈国军民不得安宁，士气自然也变得低落。

开皇九年（公元589年）大年初一，陈国正沉浸在节日的喜庆氛围之中，正是警惕性最低的时候，隋军却在大将贺若弼的率领下，于午夜时分悄然渡江，顺利登上京口城楼。另一大将韩擒虎也率领数百勇士摸黑渡江，占领了采石矶。隋军宛如从天而降的神兵，正是“善攻者，动于九天之上”。

而后，两路隋军从东西两面沿长江向陈朝都城建康进军。南朝军队在战斗力上向来不及北方军队，加上疏于防备，一个个惊慌失措，不战而逃。隋军一路攻无不克，二十天后占领建康。至此，隋朝终于结束了西晋末年以来三百多年的分裂局面，统一了中国。

李牧养精蓄锐胜匈奴

善于用兵的人，先创造条件不被敌人战胜，然后等待战胜敌人的时机。李牧养精蓄锐胜匈奴的故事，就充分地说明了这一点。

战国时，北方少数民族匈奴的力量已经非常强大，屡次派骑兵南下侵扰赵国边境，掠夺财物。赵国不堪其扰。匈奴骑兵兵强马壮，动作迅猛，赵军只能疲于奔命，却无计可施。为抵御匈奴，赵孝成王任命李牧为边将，率兵驻扎在雁门关一带。

李牧上任后，却并不急于与匈奴交战，而是按照自己的方式来设立官吏。他把收上来的赋税全部入库，作为军费开支，每天宰杀牛羊，犒劳士兵；平日则加紧督促士兵操练骑射，精习武艺。他还命令士兵提高警惕，加强边境巡逻，完善烽火等报警设施，并派出许多间谍刺探匈奴的动向。李牧不准士兵出去和匈奴人交战，命令全军："若匈奴来此侵扰，立即收拾财产，驱赶牛羊入城，严防死守。胆敢出战迎敌者，斩！"

匈奴每次来犯，军民便马上退入城中，不与匈奴交战，这样的情况一直维持了好几年，国家没有受到任何损失。可是匈奴那边却认为是李牧畏惧与自己交战，即使是守卫边境的赵国士兵也认为自己的将领怯懦。

赵王将这些情况告诉了李牧，暗示他改变方略。李牧却不作改变，处理匈奴侵扰的态度依然如故。赵王见此，十分恼怒，于是将李牧召回，撤了他的职，改派他人指挥边防军民。此后一年多的时间里，匈奴每来侵扰，新上任的将领就出城迎击，却多次战败，死伤了不少人马，财物损失也极其严重，靠近边境的地方甚至不能正常地耕田放牧。

不得已之下，赵王又想起了李牧，打算派他重新镇守边疆。李牧则坚持称病不出，赵王没办法，只好强请李牧出山。李牧趁机对赵王说："大王要是真想用我，我还是坚持原来的策略不变，只有你允许了，我才敢领命。"赵王同意了李牧的请求。

李牧复职之后，重申了以前与将士们的约定，还是采取敌人侵扰便退守的策略。匈奴来了不能和赵军交战，连续几年都没有重大战果，又掠夺不到任何东西，却始终认为李牧胆怯。李牧又经常奖赏将士，赏赐多了，将士们无功受禄，心中不安，宁愿不要赏赐犒劳，只想和匈奴痛痛快快地打上一仗。

眼见赵军上下士气高涨，李牧认为与匈奴大战一场的时机成熟，于是调集精锐部队准备作战。他精选了战车一千三百辆，战马一万三千匹，全身披甲、手持利刃的武士五万人，弓箭手十万人，每天率军操练，准备迎接即将到来的大战。

大战之前，李牧下令大开城门，将牛羊都驱赶到田野里。一时之间，牲畜、边民布满山野。匈奴人闻讯后，立即前来抢掠。李牧先是佯装不敌，节节败退，并且故意丢下数千人。匈奴单于见赵军不过如此，于是率领大军进入边境抢掠。

而李牧早已暗中布下奇阵，静候匈奴主力的到来。他命中军诱敌，以战车和弓弩手从正面迎击，实行防御作战，同时以骑兵和精锐步卒为预备队。匈奴骑兵受战车限制，早先来去如风的机动优势难以发挥，又受到弓弩手的射杀，损失惨重。李牧乘机指挥预备队从两翼夹击包抄匈奴大军，经过激烈交战，匈奴大部被歼，李牧斩杀十万余骑。李牧乘胜北进，迫使邻近的东胡、林胡等边疆少数民族政权臣服于赵国。此后的十余年时间里，匈奴不敢再犯赵国边境。

从李牧对付匈奴的策略中，我们不难看出，李牧命令军队坚守要塞，只求护民保物而不求与敌交战，在养精蓄锐数年之后才与敌人对决。这正与孙子的“先为不可胜，以待敌之可胜”的战略思想相合。

王翦灭楚

战国后期，秦国大将王翦用坚守之策，一方面韬光养晦，厉兵秣马；一方面示敌以弱，让其麻痹大意，掉以轻心，最后一举灭掉了楚国这个强大的对手。这一事实也充分体现了孙子“先为不可胜，以待敌之可胜”的战略思想。

公元前 225 年，秦王嬴政在统一六国之战中终于要面对自己的最大的对手——楚国。一开始，嬴政询问老将王翦灭楚需要多少人马。王翦说，至少需要六十万。而这时，青年将领李信却扬言只要二十万人马就足以拿下楚国。嬴政听后，认为王翦年纪大了，不复当年之勇，心中非常失望，于是决定起用看上去更勇敢的李信为将军，蒙武为副将，率二十万兵马进攻楚国。王翦默不作声地退下，然后告老还乡。

李信初战告捷，心中更是轻敌，而后纵深挺进，深入楚国腹地。

楚王派项燕为大将，领兵二十万，水陆并进。两军会战于西陵。秦军遭遇埋伏，腹背受敌，猝不及防之下，大败而逃。项燕则乘胜追击，杀秦军都尉七人、士卒无数，直至平舆，收复了全部的失地，李信伐楚最终以惨败告终。

消息传回国内，嬴政一怒之下削除了李信的官职，然后亲自登门请以病告退还乡隐居的王翦出山。王翦无法推托，只好答应出兵，但他仍坚持原来的说法，非六十万人马不足以战胜楚军。

秦王不解，王翦解释说："列国互相争斗，都是以强凌弱，以多侵少。每次交战，杀人动辄数万，围城动辄数年，有些国家更是全民服兵役，军队人数剧增。想那楚国是大国，地域广阔，人口众多，资源丰富，只要楚王一声令下，很快就能动员百万之众参战。我们要想征服楚国，六十万兵马恐怕还嫌少呢。"嬴政听罢，心服口服，马上拜王翦为大将，命其率六十万大军征讨楚国。

王翦率军来到楚国边境后，楚军闻讯立即发兵。两军在边境上对垒，战事一触即发。然而出人意料的是，王翦只命令军队驻扎于天中山下，连营十里，不许出战，只能坚壁固守。项燕每日派人到阵前挑战，王翦任凭对方如何挑衅，都高挂免战牌置之不理，军士一概不许应战。就这样日复一日，项燕也认为王翦年事已高，胆怯无用，惧怕楚军。于是他渐渐重蹈李信骄傲轻敌的覆辙，这种情绪在整个军营中逐渐弥漫开来。

与对外表现出的安静截然相反，秦军军营内部完全是另外一番景象：王翦命人每天杀猪宰羊，改善士兵饮食，而且将军与士兵同吃同住，上下同心，亲如一人。王翦一面禁止部下出战，一面却教导士卒进行投石和跳跃的训练。楚军听到这一消息后，对秦军更加蔑视，认为他们不思进取，玩物丧志。实际上，王翦正是用这种巧妙的方式来帮助士兵增强体质，提高战斗技能，同时麻痹敌人。此外，王翦还命令秦军不许越过楚国边界去砍柴，抓获楚国边境百姓要用酒肉热情款待，然后释放回家。没过多久，秦军怯战和“友好”的讯息，在楚国边境一传十，十传百，楚国百姓的心情从一开始的对抗与恐惧，逐渐转为亲近与安定。

如此相持了一年多，项燕求一战而不可得，于是戒备松懈，士兵慵懒，疏于防备和操练，对战争毫无警觉。而秦军休整操练一年有余，精力旺盛，士气高昂。王翦见此，认为伐楚的时机已经到来，此时出击必胜无疑。

于是，在某一天，王翦突然下令向楚军发起全面进攻。他选出两万精兵作为先锋，又分兵数路同时向楚军发起猛攻，并命令部队打败敌人后各自为战，向楚国纵深进攻。有备而来的秦军势如破竹，所向披靡。楚军毫无防备，仓皇应战，一触即溃，士兵纷纷逃散，曾经强大的楚军如今竟是不堪一击。王翦乘胜追击，在短短几个月内就先后攻占了淮北、淮南、江南等地，一举攻破楚都寿县（今安徽曹县西南），最后俘虏了楚王负刍，大将项燕被迫自杀。

当时有句俗语：“横则秦帝，纵则楚王。”可见楚国实力之强盛与秦国不相上下，然而从公元前 225 年到公元前 223 年，秦国仅用了三年时间，就灭掉了楚国。撇开政治经济等一系列更为深刻的历史背景不谈，单是灭楚之战的经过就颇值得后人深思。

商业案例

《华府邮报》的成功

先保证自己不被打败，再争取打败对手，这一思想不仅适用于军事领域，也适用于商业领域。《华府邮报》的成功，就很好地证明了这一点。

《华府邮报》是一份中文报纸，主要发行区域为美国首都华盛顿及其邻近地区，于1983年3月创刊。《华府邮报》之所以发展迅速，主要有以下几个原因：

一、以华盛顿地区华人为主要消费群体，经常以华人或地区的社团活动为新闻主题，而将美国或其他国际新闻放在次要地位。

二、重视读者的生活需求，如开辟儿童版，登载医疗、税务、移民、房地产，还有电影电视、武侠小说、婚丧喜庆等各种贴近生活的新闻。读者觉得有亲切感，自然购买更加踊跃。

三、用低价招揽广告，然后将各类广告归并起来，并协助广告商进行美工设计。拥有这些优厚的条件，报纸在创办之初广告就蜂拥而至，有时广告太多，不得不临时增加一个版面。发展到后来，出现了这样一种情况：哪家商号不在《华府邮报》上刊登广告，就好像它不是当地的华人商店，尤其以诊所、饭店、杂货店等最为明显。

四、报纸以周报的方式发行，发行量在5000份到10000份之间，而且报纸就摆在超市里免费赠送，也接受订阅，一年只收十美金的邮费。

五、尽量降低成本。全天工作人员只有五六人，公司的股东会帮忙送报纸，主要是去超市或送小孩上中文学校时顺便代劳。拉广告等事宜则由几位兼职业务员负责，虽然没有薪酬，但可以从广告中抽成。

美国的华人很多，有这样庞大的消费群体，华文报纸数量自然不少，竞争激烈，此起彼落。而《华府邮报》之所以能在竞争中保持稳固的态势，主要是靠“先为不可胜”来巩固自己，尤其懂得突破传统中文报纸的格局，将办报方针定位在满足读者需求上，如广告太多需要增加版面，但往往会出现剩余，这时候就干脆整版登载武侠小说。这样的报纸或许“格调”不够高，却牢牢抓住了读者的眼球和心理，很多人看完后都大呼过瘾，欲罢不能。

办报作为一项文化服务事业，首先必须具备为文化服务的热忱，抱着这种信念才能有所发展。当然，有了利润，报纸才能长久维持下去，而广告是报社最大的财源。但有一点必须弄清楚，只有报纸的水平能够吸引到足够多的读者，厂商才会考虑在上面投放广告。归根结底，报纸本身的水准才是最关键的。如果一心只想着赚钱，就是本末倒置了。

国际商业贸易中的“胜于易胜者”

善于作战的人，总是选择去对付那些已经处于极易被战胜的位置上的敌人。而在国际商业贸易中，这个道理多为那些资金实力较弱、技术较落后的国家或商家所采用。

20世纪90年代，我国正处于市场经济发展的初级阶段，与发达国家相比较，重工业产品如机床、工程机械等较为落后，只能出口到东南亚和非洲等不发达地区，而很难进入欧美、日本等发达国家和地区。

因为在不发达地区，我国的重工业产品在人力资源、价格上拥有很大优势，容易击败发达国家较贵的重工业产品。但我国出口到日本和西方国家的以自行车居多而汽车极少，因为我国的汽车在当地无论是价格还是质量，基本上毫无优势，自行车则价廉物美，深受消费者的欢迎。出口到俄罗斯的以轻工业产品为主，因为俄罗斯的工业本身发展极不平衡：重工业非常发达，轻工业则落后得多，我国的轻工业产品在价格、样式上与其他国家相比，可说是占有绝对优势。

中国的工业起步较晚，基础比较薄弱，与日本和西方国家的差距并非短时间内所能弥补，这种客观存在的先天不足决定了我国一开始无法与发达国家硬碰硬。在这种情况下，策略的选择就非常重要。正是靠着"胜于易胜者"这一销售方式，中国的经济逐渐发展起来了，为我国由制造大国逐渐转向制造强国创造了有利的条件。

【点评】

《军形篇》实际上是孙子"全胜"思想的一种延伸。在这里，孙子指出，胜利者与失败者在战争之前所处的形势就已经不同了。在战争中能够取得胜利的一方，往往在军事实力、外部环境、战前筹划等各方面都比对手高出一筹，所以在开战之前就已经处于胜利的地位。

诚然，在历史上，以少胜多，以弱胜强的例子屡见不鲜，但《孙子兵法》讨论的是战争中的普遍规律，即实力决定着战争的主动权。实力的强大就像“决积水于千仞之溪者”，一旦倾泻下来，便势不可当。

然而，对于战争的胜负是否完全由实力决定，孙子的态度还是十分谨慎的，他没有打包票，只是告诉我们：“不可胜在己，可胜在敌。”是不是能够打败敌人，这是由诸多因素决定的；但是，我们至少先要保证使自己立于不败之地。

战胜对手、获得荣誉当然令人神往，但其间的难度正如孙子所言：“胜可知而不可为。”做一件事到底能不能成功，自己本身可以决定一部分，剩下的则还要取决于其他因素。比如你可以通过刻苦学习，巩固并提高知识水平，但是当你走进考场之后，同学的水平也是会变化的，而考试过程本身也会出现不确定因素，因此要取得理想的名次或者成绩是没有绝对把握的。

客观地讲，没有人能绝对“立于不败之地”，因为你会这样想，对手也会这样想，甚至比你做得更好。但我们不必悲观绝望，凡事先打好基础，充分利用一切条件，尽最大努力，这样，成功的几率就大多了；即便是失败了，也可以问心无愧。

兵势篇

【导读】

本篇主要论述在军事实力的基础上，如何发挥将帅的指挥才能：“奇”与“正”相结合，使战术生生不息、变化无穷，还要善于选择人才，从而形成有利态势并善加利用，出奇制胜地打击敌人。

【原文】

孙子曰：凡治众如治寡[①]，分数是也[②]；斗众如斗寡[③]，形名是也[④]；三军之众，可使必受敌而无败者[⑤]，奇正是也[⑥]；兵之所加，如以碫投卵者[⑦]，虚实是也[⑧]。

凡战者，以正合[⑨]，以奇胜。故善出奇者，无穷如天地，不竭如江河。终而复始，日月是也。死而复生，四时是也。声不过五，五声之变[⑩]，不可胜听也。色不过五，五色之变[⑪]，不可胜观也。味不过五，五味之变[⑫]，不可胜尝也。战势不过奇正，奇正之变，不可胜穷也。奇正相生[13]，如循环之无端[14]，孰能穷之[15]？

【注释】

①治众如治寡：管理人数众多的部队就如管理人数很少的部队一样。治，治理、管理。

②分数：把整体分为若干部分，这里指军队的组织编制。

③斗众：指挥人数众多的军队作战。

④形名：指古时军队使用的旌旗、金鼓等指挥工具，这里引申为指挥。古代战场上投入的兵力多，分布面积很广，加上通讯不发达，临阵对敌时，将士们无从知道主帅的指挥意图和信息，所以主帅便用高举的旗帜来让将士明白何时前进或后退等，用金鼓来节制将士进行或结束战斗。形，指旌旗。名，指金鼓。

⑤必受敌：一旦遭受敌人进攻。必，一旦。

⑥奇正：指古代军队作战的变法和常法，常法为“正”，变法为“奇”。其含义甚广，简单来说，就是指常规战术和灵活变换的战术。

⑦碫（duàn）：磨刀石，泛指石块。

⑧虚实：指强弱、劳逸、众寡、真伪等，这里是以强击弱、以实击虚之意。

⑨合：会合、交战。

⑩五声：我国古代将宫、商、角、徵、羽五个基本音阶称为五声。

⑪五色：我国古代以青、赤、黄、白、黑五种颜色为正色。

⑫五味：指甜、酸、苦、辣、咸五种味道。

⑬奇正相生：奇正之间相互依存、转化。

⑭循环之无端：指奇正变化转换，循环不止，永无尽头。循，顺着。环，圆环。无端，无始无终。

⑮穷：穷尽。之：代指奇正相生变化。

【译文】

孙子说：要想做到管理人数众多的军队像管理人数少的军队一样，靠的是好的组织编制；要想做到指挥人数众多的军队作战如同指挥人数少的军队作战一样，靠的是指挥号令的有力贯彻；要想使三军将士，即使受到敌人的攻击也不会溃败，要靠“奇、正”运用得当；要想使军队进攻敌人如同以石击卵一般，靠的是“以实击虚”的战略战术运用得当。

大凡作战，都是以正兵当敌，以奇兵取胜。所以，善于出奇制胜的人，其战法变化就如天地那样无穷无尽，如江河那样永不枯竭。终而复始，就像日月此起彼落；死而复生，就像四季交替更迭。声音不过是宫、商、角、徵、羽，然而这五个音阶的组合变化，却产生了听不胜听的曲调；颜色的正色不过是青、赤、黄、白、黑，然而这五种颜色的配合变化，却产生了看不胜看的色彩；味道不过是酸、甜、苦、辣、咸，然而五种味道的调配变化，却产生了尝不胜尝的味道。战势，不过奇、正两种，然而这奇与正的变化，却无穷无尽。奇、正的变化，就像顺着圆环行走，没有起点和终点，谁能穷尽它呢？

● 治众如治寡

只要编制合理，号令得当，治理再大的军队也如同治理一个小军队一样简单。

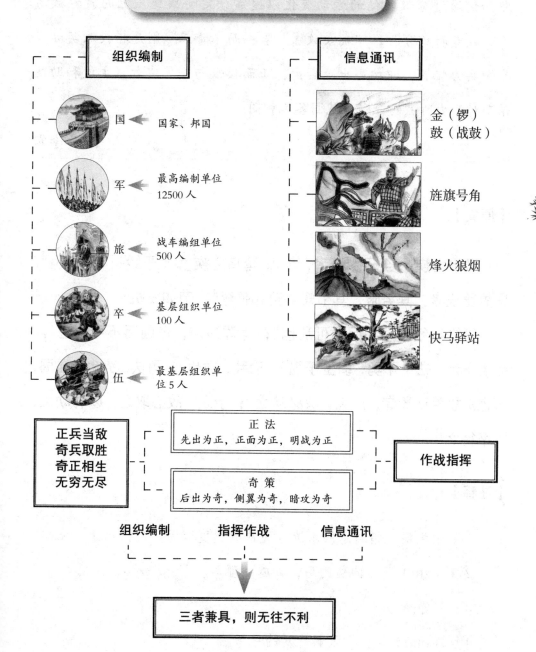

统领大军“如烹小鲜”的方法

组织编制

国 ← 国家、邦国

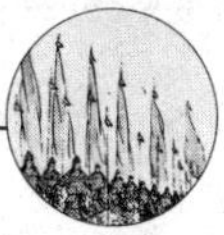
军 ← 最高编制单位 12500 人

旅 ← 战车编组单位 500 人

卒 ← 基层组织单位 100 人

伍 ← 最基层组织单位 5 人

信息通讯

金（锣）
鼓（战鼓）

旗旗号角

烽火狼烟

快马驿站

正兵当敌
奇兵取胜
奇正相生
无穷无尽

正 法
先出为正，正面为正，明战为正

奇 策
后出为奇，侧翼为奇，暗攻为奇

作战指挥

组织编制　　指挥作战　　信息通讯

↓

三者兼具，则无往不利

名家论《孙子兵法》

“虚实”和“奇正”都属于“有所有余，有所不足”的运用之妙。但这两个概念又有所不同。“虚实”主要是指整个战局的兵力部署，即如何通过分散集结的运动变化以造成预定会战地点上的我优敌劣（“我专而敌分”，“我众敌寡”）；而“奇正”则是指投入实际战斗的兵力配置，即按先出、后出，正面接敌与侧翼突袭，主攻和助攻等而对兵力所做的分配。范围各不相同。

——李零

【原文】

激水之疾①，至于漂石者，势也；鸷鸟之疾②，至于毁折者，节也③。是故善战者，其势险，其节短。势如彍弩④，节如发机⑤。

纷纷纭纭，斗乱而不可乱也⑥；浑浑沌沌，形圆而不可败也⑦。乱生于治，怯生于勇，弱生于强⑧。治乱，数也⑨；勇怯，势也；强弱，形也。故善动敌者，形之，敌必从之⑩；予之，敌必取之。以利动之，以卒待之⑪。

【注释】

①激水之疾：指湍急的水流以飞快的速度奔泻。疾，急速。

②鸷（zhì）鸟：凶猛的鸟，如鹰、雕等。

③节：节奏。

④彍（guō）弩：指张满待发的弓弩。

⑤发机：触发弩机的机钮，将弩箭突然射出。机，弩机，古代兵器，“弩”的机件，类似于今天枪上的扳机。

⑥斗乱：指在混乱的状态下作战。

⑦形圆：指摆成圆阵，保持态势，部署周密，首尾连贯，与敌作战时应付自如。

⑧乱生于治，怯生于勇，弱生于强：关于这句话有两种解释：一说，在一定条件下，“乱”可以由“治”产生，“怯”可以由“勇”产生，“弱”可以由“强”产生。一说，军队要装作“乱”，本身必须“治”；要装作“怯”，本身必须“勇”；要装作“弱”，本身必须“强”。这里取第一种解释。

⑨治乱，数也：军队的治与乱，是由组织编制是否有序决定的。数，指军队的组织编制，即前面所说的“分数”。

⑩形之，敌必从之：指用假象去迷惑敌人，敌人必定会判断失误而上当。形，即示形，将伪装的形态展示给敌人。

⑪以利动之，以卒待之：指用小利引诱调动敌人，用伏兵等待敌人并一举将其击破。

【译文】

湍急的流水以飞快的速度奔泻，以致能把石块漂移，这是由于它强大的水势；猛禽从空中突然疾速俯冲下来，以致能使目标毁折，这是由于它节奏的迅猛。因此，善于指挥作战的人，他所造成的态势是险峻的，他的行动节奏是短促的。这种态势，就像张满弓弩；这种节奏，就像扣发弩机。

旌旗纷乱，人马混杂，在混乱的情形下作战，要能使自己的军队整

● 斗乱而不可乱也

即使再混乱的局面，都不能使己方变得混乱，要冷静沉着，以合适的谋略方式应对。

要擅于应对你的敌人

有严整的组织 → 装作混乱示敌

士卒勇猛有志 → 装作怯懦示敌

有强大的兵力 → 装作弱小示敌

1. 整治或混乱，由编制的好坏决定。
2. 勇敢或怯懦，由战势的得失产生。
3. 强大或弱小，由兵力优劣而形成。

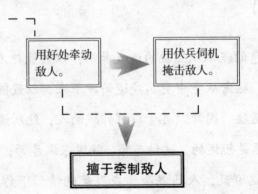

1. 用假象迷惑敌人，敌人一定会上当。
2. 用利益引诱敌人，敌人一定会被诱惑。

用好处牵动敌人。 → 用伏兵伺机掩击敌人。

↓

擅于牵制敌人

齐不乱；在战局模糊不清、势态混沌不明的情况下作战，要部署周密而能应付四面八方的情况，保持态势让自己立于不败之地。在一定条件下，严整可以转化为混乱，勇敢可以转化为怯懦，强大可以转化为弱小。军队的严整与混乱，是由组织编制是否有序决定的；勇敢与怯懦，是由军队所处的态势决定的；强大与弱小，是由实力决定的。所以，善于调动敌人的人，制造假象来迷惑敌人，敌人一定会被他调动；给敌人一些小利，敌人一定会前来夺取。用利益来引诱调动敌人，再埋伏士兵伺机打击它。

名家论《孙子兵法》

战法只有灵活多变，奇正相生，互为其根，做到出其不意、攻其无备，才能收到出奇制胜的功效。奇正的巧妙运用，又能创造出我实敌虚的有利态势。所以不仅虚与实、奇与正互为其根，而且奇正与虚实也是互相依存、互为条件。

——李零

【原文】

故善战者，求之于势，不责于人①，故能择人而任势②。任势者，其战人也③，如转木石。木石之性，安则静④，危则动⑤，方则止，圆则行。故善战人之势，如转圆石于千仞之山者，势也⑥。

【注释】

①不责于人：不苛求部属。责，苛求。

②择人而任势：挑选适当的人才，充分利用形势。任，任用、利用。

③战人：指挥将士作战。与《形篇》中“战民”的意义相同。

④安：安稳，这里指地势平坦。

⑤危：高峻、危险，这里指地势高峻陡峭。

⑥势：指在“形”（军事实力）的基础上，发挥将帅的主观能动性，所造成的有利的军事态势和强大的冲击力量。

【译文】

所以，善于指挥作战的人，所寻求的是可以利用的“势”，而不会苛求部属，因而能选出合适的人去利用有利的形势。能够利用有利形势的人，他指挥将士作战，就像转动木头和石头那样。木头和石头的本性，放在平坦的地方就静止，放在高峻陡峭的地方就滚动；方形的木石就容易静止不动，圆形的木石就容易滚动。所以善于指挥作战的人所造成的有利态势，就如同把圆石从千仞的高山上推下来（那样不可阻挡），这就是所谓的“势”。

名家论《孙子兵法》

……

我们要讲《孙子》的战术思想，首先要从中国古代战术学的名称“形势”说起。《孙子》书中有《形》《势》两篇，对“形”、“势”二字的含义有具体解释。

“形”，含有形象、形体等义，在《孙子》书中主要指战争中客观、有常、易见的诸因素。如《形》提到“胜可知而不可为”，这种“可知而不可为”之“胜”就是“形”。它主要是指实力的概念，即所谓“强弱，形也”（《势》）；而实力的概念又主要与军赋制度，即算地出卒之法有关。所以《形》要以“地生度，度生量，量生数，数生称，称生胜”作为全篇的总结。它是对应于战争认识过程的第一阶段，即定计过程。

“势”，含有态势之义，在《孙子》书中主要指人为、易变、潜在的诸因素。它与“形”相反，多指随机的、能动的东西，如利用优势，制造机变灵活（“势者，因利而制权也”）；利用环境，制造勇敢（“勇怯，势也”）。它是对应于战争认识过程的第二阶段，即计的实行过程。

“形”和“势”这两个概念在《孙子》书中有一定区别，但又可相互转化，有时显得含义无别。例如《虚实》所说“故形人而我无形”，“形兵之极，至于无形”。这种“形”很明显已经不是什么客观、有常、易见的“形”，而是人为造成的变化莫测之“形”，实际上也就是“势”。“形”“势”两字连言，含义主要是指后者，即人为的态势。

银雀山汉简《奇正》说：“有所有余，有所不足，形势是也。”它所指的主要就是“战斗的部属与实施”这一概念，所以在中国古代兵书分类中，“形势”也就成为战术学的代名词。

——李零

善战者，求之于势

善于指挥作战的人，会把精力专注于战势上。要善于创造和利用各种态势来制造胜利的机会。

利用“势”赢得胜利

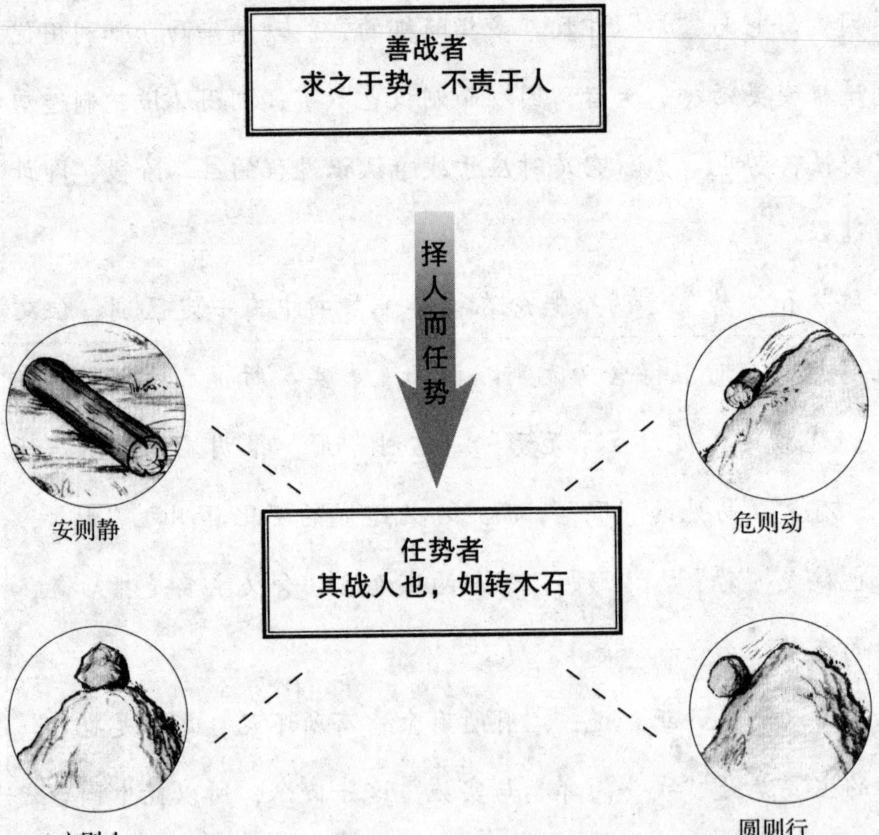

善战者
求之于势，不责于人
择人而任势
安则静
危则动
任势者
其战人也，如转木石
方则止
圆则行

实用谋略

耿弇出奇制胜

在行军打仗时，充分发挥将帅的指挥才能，使战术生生不息、变化无穷，这对战役的胜败起到非常关键的作用。“耿弇出奇制胜”的故事，就是一个很好的例子。

东汉初年，全国各地分布着大大小小的农民起义队伍和打着各色旗号的地主割据武装，刚刚称帝的光武帝刘秀仅占有司隶校尉部（今陕西中部、河南西部地区）和冀、幽、豫、并等州（今河北、山西大部，河南南部，安徽西北部地区），其余土地均为地方豪强所占据。

建武五年（公元 29 年）十月，建威大将军耿弇奉光武帝之命率军东进，征讨割据势力张步。张步闻讯后，急令其大将军费邑率兵据守历下城，同时又分兵驻守祝阿，还在泰山、钟城等地列阵布兵，企图阻截汉军东进。

耿弇率军渡过黄河后，首先攻打祝阿。从早上开始攻城，还没到中午就将城攻了下来。耿弇还故意将包围圈打开了一个口子，让城中的守军得以逃往钟城。驻扎在钟城的军队听说祝阿已然陷落，人人惊恐，最后竟然弃城而四散逃走。此时，坐镇历下的费邑一面凭城固守，一面派自己的弟弟费敢率兵前往巨里驻守。耿弇分析了当时的形势之后，决定进军巨里。到达巨里后，他命士兵砍伐树木，说是要放火烧城。过了几天，有叛逃过来的人报告说：费邑听说耿弇要攻打巨里，想要前来救援。根据这一情报，耿弇立即命令军队准备攻城器具，并且通告各部，三日后攻城，还暗地里释放捉来的俘虏，并且故意让俘虏得知攻城的日期。这些俘虏回到费邑那里，将耿弇攻城的日期告诉了费邑。

三日之后，费邑果然带了三万精兵前来救援。耿弇大喜，对诸将说："我所以准备攻城器具，就是想引诱费邑前来，如今他带兵来到这里，正是我所希望的。"随即留下了三千人马驻守巨里大营，自己带领精兵占据了附近的高地。费邑军到后，立即遭到了耿弇的伏击，耿弇的士兵从高地上俯冲下来，有如洪水一般，费邑的部队招架不住，很快就全军覆没了，费邑本人也被斩杀。耿弇命人将费邑的首级展示给巨里城中的守军观看，城中守军万分惊恐。费敢自知难以守住巨里，便带领军队逃回了张步那里。

此次耿弇与费氏兄弟的较量，便是对"奇、正"巧妙运用的最佳说明。耿弇准备攻城器具，这是攻城之前必须要做的工作，是极为常规的攻城之法，这就是"正"；而攻城是假，骗费邑前来救援才是真。屯兵高地之上，只等费邑一到便冲下破之，这就是"奇"。正与奇说来简单：一个是常规的，是最一般的方法和原则；一个是不常规的，讲求的是以奇兵制胜。然而奇正的搭配，却形成了千万种战法，衍生出千万条计谋。

淝水之战

大凡作战，都是以正兵当敌，以奇兵取胜。善于出奇制胜的人，其战法变化就如天地那样无穷无尽。东晋将领谢石在“淝水之战”中出奇制胜，便很好地体现了这一点。

东晋时，占据北方的前秦在贤臣王猛的辅佐下迅速强盛起来。秦王苻坚踌躇满志，一心想吞并偏安江南的东晋王朝。王猛去世前，再三告诫苻坚不要发兵攻打东晋。但没过多久，苻坚就把王猛的苦心叮咛抛在了脑后，欲以“疾风扫秋叶”之势一举荡平东南，完成大统。

公元383年八月，苻坚不顾群臣反对，亲率步兵六十万、骑兵二十万、羽林军三万从长安南下；又命梓潼太守裴元略率水师七万从巴蜀顺流东下，向建康进军。苻坚骄狂地宣称：“以吾之众旅，投鞭于江，足断其流。”意思是把队伍里所有的马鞭投到江里，就能截断水流。

在这生死存亡的危急关头，东晋王朝中以丞相谢安为首的主战派决意奋起抵御。晋帝任命谢安之弟谢石为征讨大都督，谢安之侄谢玄为先锋，率领战斗力较强的“北府兵”（东晋战斗力最强的主力军，是从北方的流亡移民中选拔精壮者，经过严格训练而建立起来的一支军队）八万迎击秦军主力；派胡彬率领水军五千火速增援战略要地寿阳（今安徽寿县）；任命桓冲为江州刺史，率十万晋军于长江中游地区阻截顺江东下的秦巴蜀军。

十月十八日，苻坚之弟苻融率前锋部队攻占寿阳，并俘虏了守将徐元喜。苻坚一到寿阳，就派原东晋降将朱序前往晋军大营劝降。然而，苻坚万万没有想，朱序到晋营后不但没有劝降，反而向谢石提供了秦军的情况，并献策说："秦军虽有百万之众，但还在进军之中，如果兵力集中起来，晋军将难以抵挡。应该趁秦军尚未全部抵达的时机，迅速发起进攻。只要能击败其前锋部队，挫其锐气，就能击破前秦百万大军。"谢石认为朱序的分析很有道理，便采纳了他的建议，改变先前制订定坚守不战、待敌疲惫再伺机反攻的作战方针，决定转守为攻，主动出击。

十一月，谢玄派刘牢之率精兵五千奔袭洛涧，揭开了淝水之战的序幕。秦将梁成率部五万在洛涧边上列阵迎敌。刘牢之分兵一部迂回到秦军阵后，切断其归路；自己则亲率士兵强渡洛水，猛攻秦阵。秦军不敌，勉强抵挡了一阵便土崩瓦解，死伤达一万五千余人，主将梁成战死，余下的官兵争先恐后渡过淮河逃命去了。

洛涧大捷令晋军士气空前高涨。谢石趁势水陆并进，直抵淝水（今淝河，在安徽寿县南）东岸，在八公山边扎下大营，与寿阳的秦军隔岸对峙。苻坚在寿阳城上，看到晋军军容严整，行阵整齐，心中有些惊慌，误把淝水东面八公山的草木也当成是晋兵了。他对弟弟苻融说："这是劲敌！怎能说他们是弱敌呢？"于是命令部队坚守河岸，等待后续援军的到达。

谢石看到敌众我寡，知道只能速战速决；但秦军紧逼淝水西岸布阵，晋军无法渡河交战。此时他心生一计，便派使者去见苻融说："将军率军深入晋地，却紧逼河岸布阵，难道是想长久相持，而不打算速战速决吗？不如你把阵地稍稍向后移，空出一块地方，让我军渡过淝水，双方一决胜负，如何？”

秦军诸将都表示反对，但苻坚认为己方可以将计就计：先让军队稍向后退，等到晋军渡河渡到一半时，突然以骑兵冲杀，晋军进退两难，又无法组织起有效的抵抗，必败无疑。这也是兵法上常用的一招。

苻融对苻坚的计划表示赞同，于是答应了谢石的要求，指挥秦军后撤。但秦兵人数众多，加上多是被强行征至前线卖命，士气低落，结果一后撤就失去了控制，阵势大乱。谢玄率领八千多骑兵，趁势抢渡淝水，向秦军发起了猛烈进攻，这正是“善战者，其势险，其节短。势如弩，节如发机”。

与此同时，身处秦军阵后的朱序大声喊道：“秦兵败了！秦兵败了！”周围的秦兵信以为真，纷纷转身奔逃。后军的动摇就像滚雪球一样蔓延到了前军。苻融眼见大势不妙，急忙骑马前去阻止，企图稳住阵脚，不料战马被乱兵冲倒，还没从地上起来，就被后面晋军的追兵杀死。

失去主将的秦兵越发混乱，没多久便彻底崩溃。前锋的溃败自然引起后部的惊恐，秦军后方主力也随之溃逃，最后全军向北败退。秦军溃兵宛如惊弓之鸟，一路只顾逃命，不敢稍作停留，听到风声和鹤的鸣叫声，都以为是晋军追兵的呼喊声，吓得心胆俱裂。晋军乘胜追击，一直到达寿阳附近的青冈。秦兵慌不择路，人马自相践踏，死尸遍野，苻坚本人也中箭负伤，最初的近百万人马逃回洛阳时仅剩十余万。

淝水之战，前秦军被歼和逃散的共七十多万，苻坚统一南北的希望彻底破灭。不仅如此，鲜卑慕容垂部率领完整无损的三万人马趁机自立，羌族的姚苌和其他各族也重新崛起，北方暂时统一的局面宣告结束，再次分裂成多个地方民族政权。苻坚本人则在两年后为姚苌所杀，前秦也随之灭亡。

“淝水之战”是中国历史上以少胜多的著名战例，它对后世兵家的战争观念和决战思想产生了深远的影响。

孙膑示形诱敌大破魏军

在《兵势篇》中，孙子第一次阐释了“形”的概念。形就是故意摆出某种态势，使敌人受到误导，从而受制于我，让我们牵着鼻子走。“取”与“予”，在军事上就是用行为迷惑敌人，用小利引诱敌人，然后用精锐之师等待敌人。战国中期著名的军事家和军事理论家孙膑就曾以此法大破魏军。

孙膑是孙子的后代，出生于齐国。他青年的时候曾与庞涓一起向鬼谷子学习兵法。后庞涓投奔魏国，得到魏惠王的赏识，被任命为大将军。庞涓自忖才能不及孙膑，害怕孙膑到魏国影响自己的前程，更担心他到别国后成为自己的对手，于是将孙膑骗到魏国，说是要举荐孙膑为官。孙膑不知是计，欣然答应。到魏国后不料庞涓诬陷孙膑私通齐国，魏惠王听信了庞涓的谗言，对孙膑处以膑刑（古代一种挖掉膝盖骨的酷刑），使之终生残废。又在孙膑脸上刺字，意欲使他终身不能在外领兵，且羞于见人。孙膑为了逃离魏国，佯装癫狂，从而暂时躲过了庞涓对他的进一步迫害。后齐国大将田忌得知孙膑是一位不可多得的人才，此时又身处险境，便想方设法把孙膑带回到齐国。孙膑到了齐国之后，为齐威王所器重，被任命为齐国的军师。

公元前341年，魏国发兵进攻韩国，韩国向齐国求救。此时齐威王已经去世，齐宣王继承了君位。齐宣王采用孙膑“深结韩之亲而晚承魏之弊”的主张，答应救援韩国，却不急于发兵。目的是想要在韩、魏交战，两国皆受到损耗之后齐国坐收渔翁之利。韩、魏交战，韩军五战五败，魏军也实力大损。齐宣王这才于次年以田忌为将，孙膑为军师，发兵救韩。孙膑率齐军直驱魏都大梁。庞涓闻讯，暴跳如雷，大骂孙膑狡猾，发誓与齐军决一死战，遂率兵十万回击齐军。

鉴于此次魏军气势旺盛，并且是有备而来，孙膑决定因势利导，利用魏军求胜心切的弱点，采取诱敌深入，伺机伏击敌人的战略。齐军前锋与魏军稍一接触，便佯装不能抵挡，向东撤退。在撤退途中，齐军还有意制造出士兵逃散的假象：第一天造了十万人吃饭用的灶，第二天造了五万人吃饭用的灶，第三天只造了三万人吃饭用的灶。庞涓与孙膑交手，本来是万分谨慎的，可看到齐军留下来的灶大幅度地减少，便认为是齐军胆怯，士兵都逃亡了。于是庞涓丢下了步兵和辎重，自己带领轻骑日夜兼程地追赶，想趁此全歼齐军，擒获孙膑。

齐军退至马陵（今河南范县西南）后，孙膑决定在马陵道设下埋伏。马陵道是夹在两山间的峡谷，进易出难，两旁树木茂盛，适合隐藏军队，且不易被人发觉。孙膑计算行程，判断魏军将于日落后追至这里，于是派士兵砍伐树木堵住道路，又挑选了一万名弓弩手埋伏在道路两侧的山上，约定天黑后见到火光就一齐放箭，最后命人将路中央的一棵大树剥去树皮，写上“庞涓死于此树之下”八个大字。

日暮时分，庞涓果然率军追到马陵，他发现道路被堵住了，大喜过望，说：“齐军堵住道路，说明畏惧我们追赶，我们离他们不会很远了，传令继续前进！”等军队全都进入了狭窄的马陵道，有军士禀报说前面有棵大树上隐隐约约有字迹，庞涓于是来到树前，命士卒点燃火把，亲自上前辨认字迹。待火把点燃，他往树上一瞧，大惊失色，喊道：“我中孙膑之计了。”话音未落，只见两侧山上万弩齐发，杀声四起。庞涓带来的十万士兵，都被射死在峡谷之中，庞涓本人也因羞愤而自杀。齐军随即乘胜进攻魏军的后续部队，全歼了魏军主力，俘获魏军主将太子申。

齐威王、宣王知人善任，重用孙膑，使得齐国在军事上取得了一系列的胜利。

商业案例

史玉柱“主动还债”

出奇的销售策略，往往能在企业发展过程中发挥关键作用。史玉柱“主动还债”的例子便是一个明证。

2001年1月30日，《珠海特区报》上登出了一条名为“收购珠海巨人大厦楼花（楼花，指尚未竣工的商品房在完工达25%以上时就推向市场销售。买楼花即预购房屋，卖楼花即预售房屋）”的公告，称将以现金方式收购珠海巨人集团在内地发售的巨人大厦楼花，收购者为珠海一家名为“士安”的公司。

士安公司是什么来历，为何要这么做？后来人们才知道，这一收购行动，从头到尾都是巨人集团的总裁史玉柱在幕后一手导演的。

这件事还要从头说起。1994年初，史玉柱领导的巨人集团斥巨资建造“巨人大厦”，原计划盖38层，后来决定加到54层。然而发展到最后，大厦竟然被加高到72层。史玉柱将筹码押在了卖“楼花”上。

但市场总是瞬息万变，等到巨人集团卖楼花的时候，国家宏观调控已经启动，对卖楼花开始作出限制。1996年，巨人大厦最终因为资金链断裂而停工，先期购买了大厦楼花者纷纷要求退款。而巨人集团又在此时爆发财务危机，陷入了困境，可谓是雪上加霜。

史玉柱的主动还债之举造成了巨大的反响，尽管不少人质疑他是在为新产品——脑白金进行炒作。但客观来看，这一举动既实践了当初的诺言，重塑了重信守诺的形象，又使企业和他本人重新成为人们关注的焦点，轻轻松松就赢得了巨大的广告效益，可以说是一举两得。

【点评】

势，就是态势，它的含义非常广泛。在《兵势篇》中，孙子没有给出“势”的确切定义，只是用常见的例子来类比。“木石之性，安则静，危则动，方则止，圆则行，故善战人之势，如转木石于千仞之山者，势也。”由此我们能够体会出，“势”实际上是一种落差、一种动力。电因为有了电势差才形成了电流；水因为有了高低不平的地势才能够流动；苍鹰捕捉猎物的时候快如电光石火，是因为它从高空中俯冲而下；大军背水扎营却大败敌人，是因为已无退路只能死中求生。

孙子说“治众如治寡”，又说“斗众如斗寡”，多寡通吃，举重若轻，这样高深的境界，看上去普通人是难以企及了。其实不然，只要讲求方法，复杂事情往往也能迎刃而解。

生活中遇到的情况和问题更加复杂，但无论问题是大是小、是多是少，总是“万变不离其宗”，只要方法对头，总是能够解决的。

孙子又说：“以利动之，以卒待之。”这一作战原则向我们阐述了应该如何面对“取舍”与“得失”。古往今来，凡成大事者，无不有大气魄、大胸怀。为了长远的利益，可以暂时放弃某些小利；为了掌握全局，可以舍弃局部；为了换取更大的胜利，可以付出部分牺牲的代价。《老子》说：“将欲取之，必先予之。”可以说是孙子示形动敌，以利诱敌思想的本源。

虚实篇

【导读】

本篇主要论述如何“致人而不致于人”。交战之前，应“先处战地而待敌”，抢先完成作战部署，以逸待劳。作战时，要善于隐藏和伪装自己，做到“我专而敌分”；还应根据实际情况的变化，主动灵活地采用相应战术，“避实而击虚”，“因敌而制胜”。

【原文】

孙子曰：凡先处战地而待敌者佚[1]，后处战地而趋战者劳[2]。故善战者，致人而不致于人[3]。能使敌人自至者，利之也；能使敌人不得至者，害之也。故敌佚能劳之，饱能饥之，安能动之。

出其所不趋[4]，趋其所不意。行千里而不劳者，行于无人之地也。攻而必取者，攻其所不守也；守而必固者，守其所不攻也。故善攻者，敌不知其所守；善守者，敌不知其所攻。微乎微乎[5]，至于无形，神乎神乎，至于无声，故能为敌之司命。

进而不可御者，冲其虚也；退而不可追者，速而不可及也。故我欲战，敌虽高垒深沟，不得不与我战者，攻其所必救也；我不欲战，画地而守之，敌不得与我战者，乖其所之也⑥。

故形人而我无形⑦，则我专而敌分；我专为一，敌分为十，是以十攻其一也，则我众而敌寡；能以众击寡者，则吾之所与战者约矣⑧。吾所与战之地不可知，不可知，则敌所备者多；敌所备者多，则吾所与战者寡矣。故备前则后寡，备后则前寡，备左则右寡，备右则左寡，无所不备，则无所不寡。寡者，备人者也；众者，使人备己者也。

【注释】

①凡先处战地而待敌者佚：指在作战的时候，如果能率先占据阵地，就能使自己处于主动地位，以逸待劳。处，占据。佚，通“逸”，安逸、从容。

②后处战地而趋战者劳：指在作战的时候，如果后来占据战地，仓促应战，就会疲劳被动。趋战，这里指仓促应战。趋，奔赴。

③致人而不致于人：调动敌人而不为敌人所调动。致，招致、引来。

④出其所不趋：出兵要指向敌人无法救援的地方，即击其空虚。出，出击。不，这里当“无法”、“无从”讲。

⑤微：微妙。

⑥乖其所之：指调动敌人，把它引向别的地方去。乖，违背、背离，这里有改变、调动的意思。之，往、去。

⑦形人而我无形：指使敌人现形而我方隐蔽真形。形人，使敌人

现形。我无形，即我无形迹。

⑧能以众击寡者，则吾之所与战者约矣：能够以众击寡，那么我想要攻击的敌人必定弱小有限，难有作为。约，少而弱。

【译文】

孙子说：凡是先占据战地而等待敌人前来的就从容主动，后到达战地而且仓促应战的就疲劳被动。所以，善于指挥作战的人，能调动敌人而不为敌人所调动。能使敌人自投罗网的，是用利益引诱它的结果；使敌人不肯前来的，是因为让它感受到了威胁。所以，敌人休整得好，就要使它疲劳；敌人粮草充足，就要使它饥饿；敌军驻扎安稳，就要使它移动。

出兵要指向敌人无法救援的地方，行动于敌人意料不到的方向。部队行军千里而不觉得疲困，是因为行进在没有敌人防守的区域里。只要发起进攻就必然能够夺取，是因为攻击的是没有敌人防守的地方；只要防守就必然固若金汤，是因为防守的是敌人不敢进攻或不宜进攻的地方。所以，善于进攻的人，能使敌人不知道该怎样防守；善于防守的人，能使敌人不知道该如何进攻。微妙啊，微妙到看不出一点儿形迹；神奇啊，神奇到听不见一点儿声息。因此能够成为敌人命运的主宰。

想要进攻，敌人就无法抵御，因为攻击的是敌人防备虚弱的地方；想要撤退，敌人就无法追击，因为行动速度让敌人追赶不及。所以，如果我想交战，敌人即使据守深沟高垒，也不得不出来与我交战，这是因为我攻击的是敌人必须援救的地方；如果我不想交战，即使只是在地上画了座城池进行防守，敌人也无法与我交战，这是因为我诱使敌人改变了进攻方向。

所以，要设法使敌人暴露形迹而使我军不露形迹，那么我就可以集中兵力，而敌人不得不分散兵力处处防备。我将力量集中于一处，

● 出其所不趋，趋其所不意

向敌人来不及救援的地方出兵，向敌人想不到的地方行军。避实而击虚，才是战胜之道。

攻

守

向敌人来不及救援的地方出兵，
向敌人意料不到的方向行进

攻击敌人不设防的地方必然能得手

善攻者
敌不知其所守

走千里长途却不困乏的是走
在没有敌人出没的地方

防守敌人不进攻的地方
必然牢固

善守者
敌不知其所攻

避实击虚的作战方法

进

退

我军想要决战，敌人就不得不作战，
因为进攻了它必须要救援的地方

我军不想决战，敌人就无法来作战，
因为已将它牵引到别的方向去

● 致人而不致于人

抢先占据战场主动权，不为敌人所牵制，才能主动灵活地争取战争的胜利。

调动敌人行动以制胜

致人而不致于人

	致　人	致于人
战机（天时）	先行而主动	受牵制而被动
地势（地利）	抢占有利地形	落入敌军陷阱
军容（人和）	从容备战	疲惫应战

先据战地以待敌人来战的安逸
后据战地以趋敌就战的疲劳

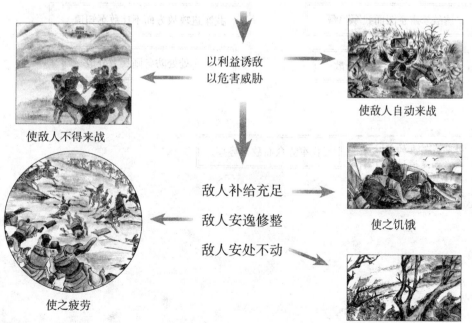

以利益诱敌
以危害威胁

使敌人不得来战

使敌人自动来战

敌人补给充足
敌人安逸修整
敌人安处不动

使之疲劳

使之饥饿

使之被调动

形人而我无形

以示形的方式诱敌暴露其目的，而不使自己暴露行迹。以“虚”掩“实”，巧妙运用战术战胜敌人。

以虚对实的战略方法

形人而我无形

与战之地不可知

诱敌暴露企图而我军隐藏

我军集中而使敌军分散

我军进攻敌方而不让敌军知道

敌军处处防备则兵力分散

我军势众而敌军势寡

并非我军真的势众，而是通过战术使敌军分散而无法聚合

敌人的力量却要分散于十处，这样，我以十倍的力量去攻击它，从而造成我众而敌寡的局面；能做到以众击寡，与我正面交战的敌人就会减少。我所要进攻的地方敌人无法得知，无法得知，敌人需要防备的地方就会很多；敌人需要防备的地方多了，我所要进攻并与之交战的敌人就会相对减少。所以，防备了前面，后面的兵力就会减弱；防备了后面，前面的兵力就会减弱；防备了左翼，右翼的兵力就会减弱；防备了右翼，左翼的兵力就会减弱；处处防备，就会处处兵力薄弱。兵力之所以处处薄弱，是由于处处防备的缘故；兵力之所以强大，是迫使敌人分兵防备我们的结果。

【原文】

故知战之地，知战之日，则可千里而会战。不知战地，不知战日，则左不能救右，右不能救左，前不能救后，后不能救前，而况远者数十里，近者数里乎？以吾度之[1]，越人之兵虽多，亦奚益于胜败哉[2]？故曰：胜可为也。敌虽众，可使无斗。

故策之而知得失之计[3]，作之而知动静之理[4]，形之而知死生之地[5]，角之而知有余不足之处[6]。故形兵之极，至于无形；无形，则深间不能窥[7]，智者不能谋。因形而错胜于众[8]，众不能知；人皆知我所以胜之形[9]，而莫知吾所以制胜之形。故其战胜不复[10]，而应形于无穷。

夫兵形如水[11]，水之形，避高而趋下；兵之形，避实而击虚。水因地而制流，兵因敌而制胜。故兵无常势，水无常形；能因敌变化而取胜者，谓之神。故五行无常胜[12]，四时无常位[13]，日有短长，月有死生[14]。

【注释】

①度（duó）：忖度、推测、推断。

②越人之兵虽多，亦奚益于胜败哉：指越国军队虽然人数众多，然而不懂得众寡分合的运用，对战争的胜败又有什么帮助呢？奚，疑问词，何、岂。益，补益、帮助。

③策：筹算，策度。得失之计：指敌人计谋的优劣得失。

④作：兴起，这里是挑动的意思。动静之理：指敌人的行动规律。

⑤死生之地：指敌人的优势所在或薄弱致命环节。

⑥角：较量，这里指进行试探性进攻。

⑦深间不能窥：指即使有深藏的间谍，也无法探知我方的真实情况。窥，偷看。

⑧错胜于众：指将胜利摆在众人面前。错，同“措”，放置。

⑨形：形态，这里指作战的方式方法。

⑩战胜不复：获胜的方法不重复，意思是作战方法机动灵活。

⑪兵形：用兵的规律。

⑫五行无常胜：指金、木、水、火、土五种元素相生相克而没有定数。古人认为，金、木、水、火、土是构成万物的基本元素，它们彼此间是“相生相胜”的关系。所谓“相生”，即木生火，火生土，土生金，金生水，水生木。所谓“相胜”，又叫“相克”，指金克木，木克土，土克水，水克火，火克金。

⑬四时无常位：指春、夏、秋、冬四季推移变化永无止息。四时，四季。常位，指一定的位置。

⑭日有短长，月有死生：指白昼因季节变化而有长短的变化，月亮

因循环而有盈亏的变化。日，这里指白昼。死生，这里指盈亏晦明的月相变化。

【译文】

所以，能够预知交战的地点，能够预知交战的日期，那么即使相隔千里也可以前去与敌人交战。如果不能预知交战的地点，不能预知交战的日期，就会导致左军救不了右军，右军救不了左军，前军救不了后军，后军救不了前军，更何况远的多达几十里，近的也要相隔几里呢？据我分析，越国的士兵虽多，可是对决定战争的胜败又有什么帮助呢？所以说，胜利是可以争取的。虽然敌人众多，但可以使它无法与我交战。

所以，要通过分析筹算来推知敌人作战计划的优劣得失；要通过调动敌人来了解敌人的活动规律；要通过佯动示形的方式来探明敌人生死命脉之所在；要通过试探性的进攻来掌握敌人兵力的虚实强弱。所以，佯动示形以诱敌的战术运用到极致，就进入了“无形”的境界。没有了形迹，即使有深藏的间谍，也无法窥知我方的真实动向；即使是老谋深算的敌人，也想不出对付我方的计策。即使把根据具体情况灵活运用战术而取得的胜利摆在众人面前，众人还是看不出其中的奥妙所在。人们都知道我军取胜的战略战术，却不知道我军所用战术必然克敌制胜的奥妙。因为每一次取胜所采用的方法都不是简单的重复，而是针对不同的情况灵活运用、变化无穷。

用兵的规律就像水，水流动的规律，是避开高处而流向低处；用兵打仗的规律，是避开敌人的坚实之处而攻击其虚弱的地方。水根据地势的高低而不断改变其流向，用兵则要根据敌情来制定不同的取胜方法。所以，用兵打仗没有固定不变的方式方法，就像水流没有一成不变的形态一样。能够根据敌情的变化而灵活取胜的，就可以叫作“用兵如神”了。五行相生相克而没有定数，四季交替更迭而没有一定的位置，白昼有短有长，月亮有缺有圆（用兵的规律和自然现象一样，永远处于变化之中）。

● 形兵之极，至于无形

示形诱敌的方法运用到极处，便能使人无所循迹，这就是所谓的以虚对实，以无形取胜。

侦察敌情的四个步骤

估计敌情	挑动敌军	观察地形	战斗侦查
明了敌军作战计划之优劣	了解敌军活动之规律	摸清敌军所在地形之利弊	探明敌军兵力部署之虚实

间谍无法探取我方虚实，谋士不能献计对付我方

↓

侦察敌人虚实的步骤和运用虚实之秘才能以无形制胜

实用谋略

司马懿平定辽东

孙子指出，善于作战的人，一定要善于调动敌人，而不要为敌人所调动。司马懿在平定辽东时，没有直接强攻敌人的城池，而是把敌人调动出来，最终将其歼灭。

魏明帝景初二年（公元238年），魏明帝曹睿把太尉司马懿从长安召回京师洛阳，命他率军去征讨雄踞辽东的公孙渊。

魏明帝问司马懿："行军四千里远征作战，虽说要用奇谋取胜，但也要有足够的兵力，不应当过分计较军费开支的多少。据你推测，公孙渊将采取什么样的对策？"

司马懿回答："放弃城邑而预先逃走，这是上策；凭据辽水以抗拒我军，这是中策；坐守襄平而单纯防御，这是下策。"

明帝又问："这三种计策，公孙渊将会采用哪一种呢？"

司马懿答："只有贤明的人才能正确估量敌我双方的力量，并能预先对所用计策作出正确取舍，而这并不是公孙渊所能做到的。"

明帝又问："此次出征往返将用多少天？"

司马懿回答："前往辽东需要一百天的时间，班师回朝需要一百天的时间，与公孙渊作战也需要一百天的时间，再用六十天的时间进行休整。这样，一年时间足够了。”

于是，司马懿率军向辽东进发。公孙渊派遣大将军卑衍、杨祚率领数万步骑兵进驻辽隧，构筑围墙堑壕二十余里，以此抵御司马懿的进攻。魏军诸将都想立即发起攻击，但司马懿说：“敌人构筑坚固的防御工事，这是想长期地与我军对峙，企图把我军拖垮。要是现在去进攻，那正好落入他们的圈套。再说敌人主力集中在这里，他们的老巢必定空虚。我军舍此不攻而直捣襄平，就一定能够大破公孙渊。”

于是，司马懿命令魏军多插旗帜，伪装成要进攻敌人阵地南端的样子，自己却率领大军偷偷渡过济水，向北直取襄平。驻守在辽隧的卑衍、杨祚发觉己方中计，就迅速率本部人马救援襄平。军队行至首山的时候，公孙渊又命令回军截击魏军，司马懿率军迎战，大破公孙渊军队。魏军随即前来围攻襄平。

当时秋雨连绵，辽水暴涨，船只能够借着雨水一直行到襄平城下。雨下了一个多月还没有停止，长久在雨水中浸泡的魏军士卒军心开始动摇。很多人提出来要找高处重新扎营。司马懿此时却传令下去：“有敢再言要移营者斩。”都督令史张静违反了命令，司马懿毫不留情地将他斩首示众，军队这样才安定下来。

而襄平城中的公孙渊军，凭借着大水的阻隔，竟然还能在魏军包围圈的缺口处放牧打柴。魏军诸将再也不能忍受了，都要求对其进行攻击，司马懿则根本不听。随军司马陈珪提出疑问：“当年您率军攻打上庸的时候，八支人马一齐攻城，昼夜不息，因而只用了十五天便将城攻破，杀了孟达。如今您长途跋涉而来，却变得谨慎而多有顾虑，对此，我实在有些迷惑不解。”

司马懿说："上庸之战，孟达兵少而粮食却够吃一年，我军兵力相当于孟达四倍，但粮食却不够吃一个月，以仅有一个月的存粮来对抗敌人一年的存粮，怎能不求快速制胜？用四倍于敌的兵力去攻打敌人，即使损失一半兵力，只要城攻破了，还是值得的。这时是不去计较人员伤亡的，而只是考虑敌我粮食多少这一情况。如今的形势是敌众我寡，敌饥我饱，加之大雨不停，攻城器械未备，急忙进攻又能有什么作为？我军从京师远道而来，不怕敌人进攻，只怕敌人逃走。现在敌人的粮食将尽，而我军的合围却还没有完成。如果现在去抢他们的牛马，抄取他们的柴草，这是催他们逃跑啊。战争是一种诡诈的行为，做将帅的要善于根据具体的情况制定出相应的策略。现在敌人虽然饥饿，但还不肯束手就擒。我们应当伪装成无能为力的样子稳住它。要是因为贪求小利而使他们逃走，那能算是好的策略吗？"

不久，雨过天晴，司马懿令部队制造攻城器械，挖掘地道，堆起攻城的土山，开始日夜不停地攻城。城中的公孙渊军疲于应对，又陷于粮尽的窘困境地，甚至出现了人吃人的现象。城中的很多将领士兵都出城投降。这样，没过几日，襄平城便被攻破了。公孙渊和他的儿子公孙修带领着几百骑兵向东南方向突围，被魏军追上，皆被斩杀。司马懿就这样平定了辽东。

在平定辽东之役中，司马懿决定不攻重兵防守的辽隧，转攻兵力薄弱的敌人老巢襄平，而辽隧的军队得知这一消息，也从深沟高垒里跑了出来，去救援襄平，半途为魏兵所败。司马懿避实击虚、引蛇出洞的战术，正应了孙子的"故我欲战，敌虽高垒深沟，不得不与我战者，攻其所必救也"的思想。

在这次战役中，司马懿还运用了示形诱敌的战术。在秋雨连绵无法速攻之际，故意摆出无所作为之态，以求稳定住敌人，不使其仓皇逃窜。“形”是《虚实篇》中所要详细阐述的一个重要概念。形就是表象，这种表象可以是敌人的，可以是自己的；可以是真的，可以是假的。通过表象看到本质，使敌人暴露真形是制胜的关键；而隐藏自己的真实意图，做出种种假象迷惑敌人同样也很重要。孙子所说的“策之而知得失之计，作之而知动静之理，形之而知死生之地，角之而知有余不足之处”，就是为了看清敌人的真实意图和具体情况所进行的周密而详细的探知活动，进而制定出有效的克敌之法，使力量有所专攻。至于“形人而我无形”的境界，则是在使敌人暴露的要求之上又加上了隐藏自己一条。能够将自己的真实情况和真实意图隐藏起来，敌人对我也就无从下手，不知道对我应该防备些什么，最终对我处处进行防备，形成了“我专而敌分”的局面。

虎牢之战

孙子说，两军交战时，一定要做到“致人而不致于人”，也就是“先处战地而待敌”，善于隐藏和伪装自己，避实而击虚。虎牢之战，便是避实击虚、避锐击惰的成功战例。

隋朝末年，统治日趋腐朽残暴，隋炀帝横征暴敛，荒淫无道，刑罚酷烈，兵役苛繁，结果弄得民不聊生，社会矛盾激化，最终导致爆发了轰轰烈烈的农民大起义。到公元617年初，出现了三大起义军中心：李密瓦岗军转战于河南地区，窦建德起义军活跃于河北一带，杜伏威起义军崛起于江淮地区。

与此同时，隋朝的一些贵族和官吏也纷纷起兵反隋，从太原起兵的李渊父子便是其中一支。

李渊父子起兵后，先后消灭一批割据势力，很快攻入长安。

公元618年，李渊在长安称帝建国号为“唐”，他就是唐高祖。此后，李渊开始着手进行统一全国的战争，他首先选择进攻洛阳的王世充。王世充在洛阳与唐军苦战半年，不能退敌，便向窦建德求助。

窦建德充分意识到，王世充若被消灭，那么唐军的下一个进攻目标就是他了。正所谓“唇亡齿寒”，自己岂能隔岸观火，坐视不救？因此窦建德决定先联合王世充击唐，然后相机消灭王世充，进而夺取天下。于是窦建德在兼并了山东地区的孟海公起义军之后，于公元621年春亲率十余万兵马西援洛阳。窦军接连攻下管州（今河南郑州）、荥阳、阳翟（今河南禹州市）等地，很快进抵虎牢以东的东原一带（即河南荥阳东北广武山）。

虎牢为洛阳东面的战略要地。早在武德四年（公元621年），唐军王君廓部就在内应的协助下，先行袭占该地。李世民在洛阳久攻未下，窦军又偷袭虎牢的不利形势下，于青城宫召开前线指挥会议，商讨破敌之策。

会上，大多数唐军将领主张暂先退兵以避敌锋，但唐宋州（治所在今河南商丘南）刺史郭孝恪、记室薛收等人却反对这么做。他们认为，王世充据守洛阳坚城，兵卒善战，其困难在于粮草匮乏；窦建德远来增援，兵多势众。如果让王、窦联手合兵，窦以河北粮草供王，就会给唐军制造很大的麻烦，也将使李唐的统一事业受挫。因此，他们主张在分兵围困洛阳孤城的同时，派唐军主力扼守虎牢，阻止窦军的西进；先消灭窦建德军，届时洛阳城就能不攻自下。李世民采纳了这一建议，立即将唐军一分为二，令李元吉、屈突通等将继续围攻洛阳；自己则率精兵三千五百人，于三月二十四日先期出发，进据虎牢。

李世民抵达虎牢的次日，即率精骑五百东出二十余里，侦察窦建德军的情况。他派徐世勣、秦叔宝、程知节等人率兵埋伏于道旁，自己则与尉迟敬德等向窦建德军营进发。在距窦军军营六里地处，李世民故意暴露自己的行踪，引诱窦建德出动骑兵追击。等窦军骑兵进入预先设伏的地点之后，徐世勣等及时向敌人发起攻击，击败窦军追兵，歼敌三百余人。这次战斗规模虽小，却挫伤了窦军的锋芒，对窦军的虚实也有了了解。

窦军被阻于虎牢东，一个多月不得西进，几次战斗又都失利，士气开始低落。四月间，窦军的粮道被唐军截断，窦军大将张青特被俘，这使得窦军的处境更加不利了。此时，国子祭酒凌敬劝窦建德改变作战计划：率主力渡黄河，攻取怀州、河阳，再翻越太行山，入上党，攻占汾阳、太原，然后攻下蒲津（今山西永济西）。并指出这样做有三个好处：这些地方唐军防守薄弱，窦军有必胜把握；拓地收众，可以极大增强窦军的实力；威胁关中，迫使唐军回师援救，以解洛阳之围。

窦建德认为凌敬的话有道理，准备采纳，但这时王世充频频遣使告急，部将又多受王世充使者的贿赂，主张直接援救洛阳。于是窦建德被迫放弃凌敬的合理建议，而与唐军相对峙于虎牢一线，处境越来越被动了。

不久，李世民得到情报：窦军企图乘唐军草料用尽，到河北岸牧马的机会，袭击虎牢。李世民将计就计，遂率兵一部过河，南临广武，在观察了窦军动静后，故意在河渚留马千余匹，诱使窦建德军出战。

次日，窦军果然中计，出动全部主力，在汜水东岸布下阵来。窦军的阵形北依大河，南连鹊山，正面宽达十多公里，摆出一副进攻的架势。李世民正确地分析了形势，指出窦军没有经历过大战，现在摆出一副咄咄逼人的阵势，显然有轻视唐军之意。于是他决定暂时按兵不动，等待窦军疲惫之后，再行出击，届时一举消灭敌人。这样，李世民一面严阵以待，使窦军无隙可乘；一面派人召回留在河北岸的诱兵，准备出击。

窦建德轻视唐军，仅遣三百骑过汜水向唐军挑战，李世民派部将王君廓率二百长矛兵出战。两军往来交锋数次，未分胜负，各自退回本阵。战斗呈现胶着状态。

窦建德沿汜水列阵，自辰时直至午时，士卒饥饿疲乏，支撑不住，都瘫倒在地上。李世民发现这些迹象后，即派遣宇文士及率领三百精骑先进行试探性攻击，并且指示：如果窦军严整不动，即撤回军队；如其阵势有动，则可引兵继续东进。宇文士及至窦军阵前，窦军的阵势开始动摇。李世民见状，当机立断，下令出战，并亲率骑兵先行出动，渡过汜水后，直扑窦建德的大营。

当时，窦建德正欲召集群臣议事，唐军骤然而至，群臣均惊恐失措，纷纷四处溃逃。窦建德急忙下令骑兵出战，但是为时已晚，唐军已经冲入窦建德的营帐之中。窦建德被迫向东撤退，为唐军窦抗部所截，陷入进退两难的境地。接着，李世民所率的精骑也突入窦军大营，双方展开激战。李世民命秦叔宝、程知节、宇文歆等部截住窦军的后路，对窦军实施分割包围。窦军见大势已去，遂惊慌溃逃。唐军乘胜追击十五公里，俘获窦军五万余人。窦建德本人也负伤坠马被俘，其余军卒大部溃散，仅窦建德妻率数百骑仓皇逃回河北。至此，窦军基本被歼灭。

唐军取得虎牢之战的胜利后，主力回师洛阳城下。王世充见窦军被歼，而自己也陷入内外交困，走投无路的绝境，遂于绝望之中献城投降。

虎牢之战，唐军消灭窦建德主力部队十万人，接着又迫降了洛阳王世充的残余守军，夺取了中原的大部分地区，取得“一举两克”的重大胜利。虎牢之战是我国古代“围城打援”的著名战例，也是李唐统一全国最关键一战。至此，唐王朝的统一事业基本完成。

虎牢之战中，李世民采用围城打援、避锐击惰、奇兵突袭、一举两克的策略，其卓越的指挥才能发挥得淋漓尽致。具体说来，李世民之所以取得虎牢之战的胜利，除了凭借唐军自身的强大实力外，还与他正确运用战略战术有重大关系。李世民在这一战中的指挥才能表现为：

一、先期占据战略要地虎牢，形成了有利于已、不利于敌的态势。

二、注重观察和分析敌情，并在此基础上制定正确的作战方针，灵活机动地打击敌人。

三、临机应变自如，将计就计，捕捉战机，利用敌人骄傲轻敌、兵疲将惰等弱点，及时发起突袭，给敌人以意想不到的打击。

四、在采取突袭行动时，正确选择主攻方向，集中兵力攻打窦军统帅部，造成其指挥中枢的瘫痪。并注重战术配合，运用穿插、迂回、分割等手段，将窦军各部逐一击破。

五、突袭得手后，适时展开战场追击，穷追猛打，以扩大战果。

商业案例

异军突起的苹果机

在企业的经营管理中，“致人而不致于人”十分关键，甚至能够决定企业的生死存亡。一般来说，一个新产品、一种新技术，总会有许多公司在同时进行开发和研究，谁先把新产品、新技术投放到市场，谁就能取得主动权；而后至者则要花费几倍、几十倍的努力，才能在市场中分得一杯羹，甚至永远被排除在市场之外。

无论是用奇还是用正，现代商战都强调掌握主动权，而掌握主动权的标志就是占领市场，“先处战地”，而后制定市场准入标准，达到“致人而不致于人”的目标。

1982年，美国《幸福》杂志公布了美国企业500强名单，名不见经传的苹果计算机公司首次入选，名列第411位。更为厉害的是，苹果计算机公司年仅 5 岁，是 500 强中最年轻的。仅仅过了一年，苹果计算机公司跃升到了第 291 位，营业额高达 9.8 亿美元。

究竟是什么让苹果计算机公司在短时间内异军突起的呢？

1976 年，美国的许多计算机厂家都把研究和生产大型计算机作为重点，而对个人计算机不屑一顾，认为个人计算机前途不大，利润不高。这时，21 岁的乔布斯和 26 岁的沃兹尼亚克却认为个人计算机必定有个很好的消费市场，所以决定在大家都忙着搞大型计算机的时候，另辟蹊径，终于成功研制出“苹果”个人计算机。从此，美国计算机界又多了一位呼风唤雨的巨人。

【点评】

“虚”与“实”是一对矛盾，而我们的世界正是由无数矛盾交织而成的，就像有白天就会有黑夜，有美丽就会有丑恶，有长处就会有短处一样。实际上，矛盾是世间万物内在联系和相对性的一种表现。《老子》里说：“天下皆知美之为美，斯恶已。皆知善之为善，斯不善已。故有无相生，难易相成，长短相形，高下相倾……”可见，在很早的时候，人们就开始认识到了世间万物的关联性和相对性，进而又认识到了这种关联性和相对性也是随着环境和立场等因素的变化而不断变化的。

古希腊哲学家赫拉克利特有一句名言：“人不能两次踏入同一条河流。”意思是说，河水是不停流动的，当人们第二次踏入同一河流时，他们所接触到的水流已不是原来的水流而是变化了的新水流了。这句名言揭示了一个真理：世间的一切事物都处在不断变化之中。

孙子的“兵形如水”同样印证了这一道理：战场上瞬息万变，因而选择作战方向、制定作战方针、实施作战计划都必须灵活机动。

虽然人生的道路不如战场凶险，但也充满了各种变数，所以人们常说“每天的太阳都是新的”。既然计划赶不上变化，那么，唯一的应对办法就是因势利导。具体问题具体分析，方不至于被湮没。

军争篇

【导读】

本篇比较系统地论述了军争的意义、利弊、原则和方法：要先于敌人占据要地，掌握有利战机，争取战场主动；不仅要看到军争的利，还要看到军争的害，更要学会趋利避害，并提出了“避其锐气，击其惰归”的著名军事原则。

【原文】

孙子曰：凡用兵之法，将受命于君，合军聚众①，交和而舍②，莫难于军争③。军争之难者，以迂为直，以患为利④。故迂其途，而诱之以利，后人发，先人至，此知迂直之计者也。

故军争为利，军争为危⑤。举军而争利，则不及；委军而争利，则辎重捐⑥。是故卷甲而趋⑦，日夜不处，倍道兼行⑧，百里而争利，则擒三将军⑨，劲者先，疲者后，其法十一而至⑩；五十里而争利，则蹶上将军[11]，其法半至；三十里而争利，则三分之二至。是故军无辎重则亡，无粮食则亡，无委积则亡[12]。

故不知诸侯之谋者，不能豫交[13]，不知山林、险阻、沮泽之形者[14]，不能行军，不用乡导者[15]，不能得地利。

【注释】

①合军聚众：指聚集民众，组成军队。合，聚集、聚结。

②交和而舍：指两军剑拔弩张对垒而处。交，接，接触。和，即“和门”，指军门。

③军争：两军争夺制胜的条件。

④以迂为直，以患为利：指以迂回曲折的途径达到近直的目的，化不利为有利。迂，迂回、曲折。患，祸患、不利。

⑤军争为利，军争为危：指军争是为了使形势对自己有利，但军争也是一件危险的事情。

⑥委军而争利，则辎重捐：如果放弃笨重的物资器械而去争利，那么装备辎重将会遭受损失。委军，指丢弃笨重物资器械，轻装前进。委，丢弃、舍弃。辎重，指行军时运输部队携带的物资，包括军用器械、营具、粮秣、被服等。捐，损失。

⑦卷甲而趋：指卷起铠甲急速行进的意思。甲，铠甲。趋，快速前进。

⑧倍道兼行：以加倍的速度昼夜不停地连续行军。倍道，行程加倍。兼行，昼夜不停地连续行军。

⑨三将军：指上、中、下三军主帅。

⑩十一而至：指部队仅有十分之一的兵力到位。

⑪五十里而争利，则蹶（jué）上将军：奔赴五十里而争利，则前军将领很可能遭受挫败。蹶，失败、挫败。

⑫无委积则亡：指军队没有物资储备作补充，就无法生存。委积，泛指物资储备。

⑬不知诸侯之谋者，不能豫交：不知道诸侯列国的意图谋划的，不宜与其结交。

⑭沮（zǔ）泽：水草丛生的沼泽地带。

⑮乡导：即向导。

【译文】

孙子说：大凡用兵的法则，将帅接受国君的命令，从聚集民众结成军队，到开赴前线与敌人对阵，这期间最困难的事情莫过于与敌人争夺制胜的条件。争夺制胜条件最困难的地方，又在于如何以迂回曲折的方法达到近直的目的，如何化不利因素为有利因素。所以，要使敌人的路途变得迂曲，用小利引诱误导敌人，这样，即使自己比敌人后出发，也能先敌人而到达。如此就算是掌握了“迂”与“直”的道理的人。

所以，争夺制胜条件是为了使形势对自己有利，但争夺制胜条件也常常是一件危险的事情。如果以整支军队而去争利，往往因为行动迟缓而无法按时到达预定地点；如果放弃笨重的物资而去争利，辎重就会被丢下。因此，卷起铠甲急速行进，日夜不停，速度加倍地连续行军，赶到百里以外去与敌人争利，三军将帅很可能为敌人所擒，强健的士兵先到达，疲困的士兵远远地落在了后面，这样的做法常常导致只有十分之一的兵力能够如期到达；奔行五十里去与敌人争利，前锋部队的将领很

军争之难者

两军争夺制胜的条件最难的是如何将自己的劣势加以利用，使之成为抵抗敌军的有利条件。

以虚对实的战略方法

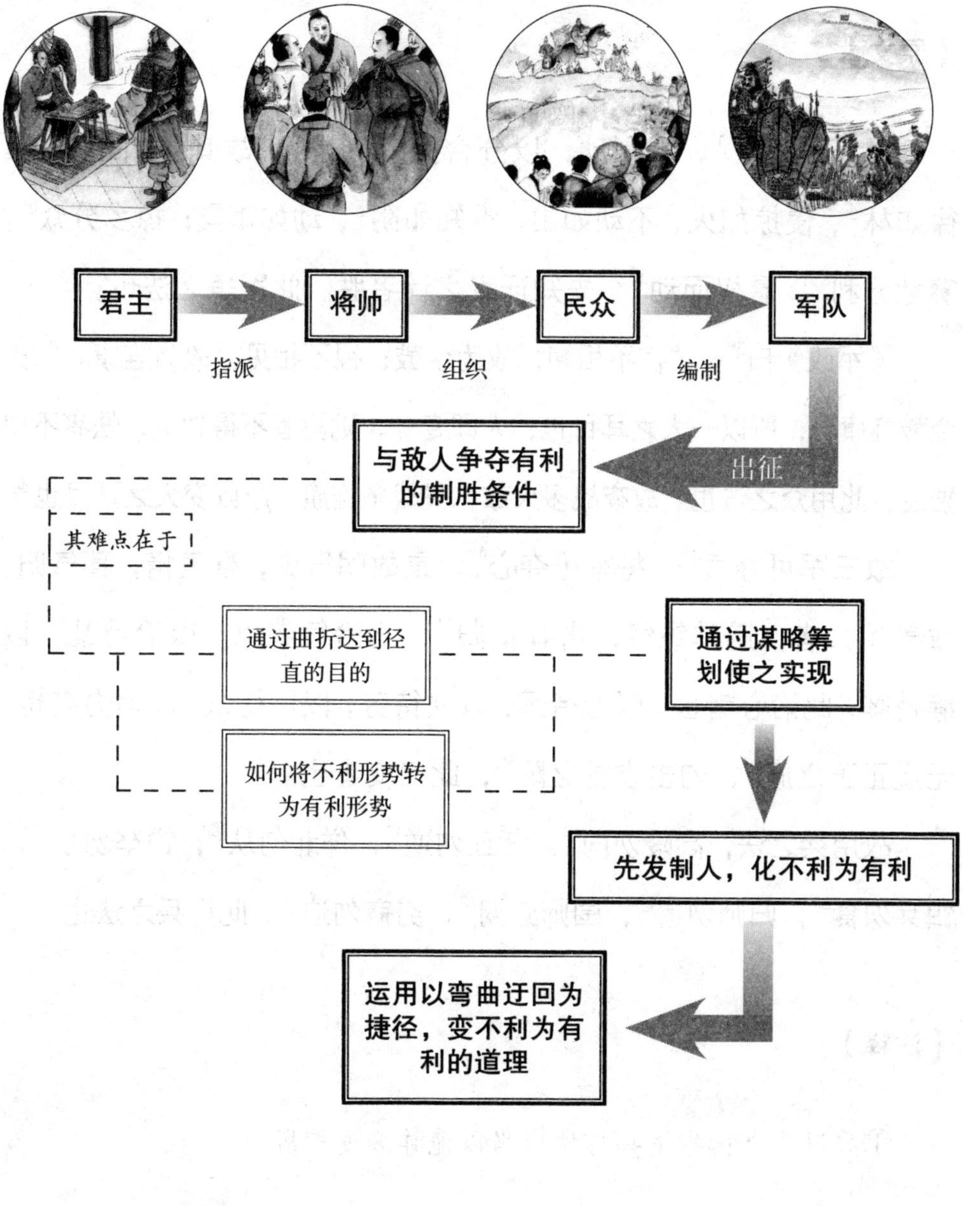

可能遭受挫败，这样的做法常常导致只有半数的兵力能够如期到达；奔行三十里而去与敌人争利，只有三分之二的兵力能够如期到达。须知军队没有辎重就会遭受失败，没有粮食就不能生存，没有物资储备就无以为继。

所以，不了解诸侯列国战略意图的，不能与其结交；不熟悉山林、险阻、沼泽等地形的，不能率众行军；不使用向导的，就不能得到地利。

【原文】

故兵以诈立[①]，以利动，以分合为变者也[②]；故其疾如风[③]，其徐如林[④]，侵掠如火，不动如山，难知如阴[⑤]，动如雷震；掠乡分众[⑥]，廓地分利[⑦]，悬权而动[⑧]。先知迂直之计者胜。此军争之法也。

《军政》曰[⑨]：“言不相闻，故为金鼓；视不相见，故为旌旗。”夫金鼓旌旗者，所以一人之耳目也；人即专一，则勇者不得独进，怯者不得独退，此用众之法也。故夜战多火鼓，昼战多旌旗，所以变人之耳目也[⑩]。

故三军可夺气[⑪]，将军可夺心[⑫]。是故朝气锐，昼气惰，暮气归。故善用兵者，避其锐气，击其惰归[⑬]，此治气者也。以治待乱，以静待哗，此治心者也。以近待远，以佚待劳，以饱待饥，此治力者也。无邀正正之旗[⑭]，勿击堂堂之陈[⑮]，此治变者也。

故用兵之法，高陵勿向[⑯]，背丘勿逆[⑰]，佯北勿从[⑱]，锐卒勿攻[⑲]，饵兵勿食[⑳]，归师勿遏[㉑]，围师必阙[㉒]，穷寇勿迫[㉓]。此用兵之法也。

【注释】

①兵以诈立：指用兵打仗应当以诡诈多变取胜。

②以分合为变：指用兵打仗应当视不同情况而灵活处置兵力。

③其疾如风：指军队行动快速如风。

④其徐如林：指军队行动缓慢时，犹如严整的森林。徐，缓慢。

⑤难知如阴：指军队隐蔽时，犹如阴云遮天。

⑥掠乡分众：指分兵数路，掠夺敌国乡邑。

⑦廓地分利：指应当开疆拓土，扩大战地，分兵占领扼守有利地形。廓，通“扩”，开拓、扩展。

⑧悬权而动：指权衡敌我形势，相机而动。

⑨《军政》：古兵书名。

⑩变人之耳目：指根据不同情况变换指挥信号，以便适应士卒的视听能力，即让士兵的耳朵和眼睛更容易察觉下达的命令。变，适应。

⑪夺气：指挫伤士气。夺，剥夺，这里指打击、挫伤。

⑫夺心：指动摇将军的决心。古人在用兵时，很重视扰乱和动摇敌将的决心。

⑬避其锐气，击其惰归：避开敌军锐气，等到敌军怠惰疲惫、士气低落时进行攻击。

⑭无邀正正之旗：指不要正面迎击旗帜整齐、部署周密的敌人。邀，迎击、截击。

⑮勿击堂堂之陈(zhèn)：指不要攻击士气旺盛、阵容严整的敌人。陈，古“阵”字。

⑯高陵勿向：如果敌人已经占据高地，就不要去进攻它。陵，山陵。向，这里是仰攻的意思。

⑰背丘勿逆：如果敌人背倚丘陵险阻，就不要正面迎击它。背，背靠、

倚靠。逆，这里是迎击的意思。

⑱佯北勿从：敌人如果是伪装败退，就不要追击。佯，假装。北，败北。

⑲锐卒：锐气正盛的部队。

⑳饵兵：诱兵，用来诱敌的小部队。

㉑归师勿遏：敌军如果正在向其本国撤退，就不要去阻截它。遏，阻止、拦阻。

㉒围师必阙（quē）：指在包围伏击敌人时，应当留出缺口，避免敌人走投无路而作困兽之斗。阙，通“缺”。

㉓穷寇勿迫：已经陷入绝境的敌人，不要过分逼迫它。

【译文】

用兵打仗是建立在诡诈多变的基础上的，任何举措都要根据是否对自己有利来决定，分散或集中兵力要根据情况而灵活变化。所以，军队急速行进时要快速如疾风，缓慢行进时要严整如密林，攻击敌人时要迅猛如烈火，原地待命时要岿然如山岳，隐蔽时要像阴云蔽日，行动时要势如雷霆。掠夺敌国的乡邑，要分兵多路进行；开拓疆土，要分兵扼守有利地形；要先权衡利害得失，然后相机而动。先懂得了“迂”与“直”的道理的就能胜利。这就是争夺制胜条件的原则。

《军政》中说：“用语言指挥听不到，因而使用锣鼓指挥；用动作指挥看不清，因而就使用旌旗指挥。”金鼓和旌旗，是用来统一军队作战行动的。全军上下的行动已然统一，勇猛的士兵就不会贸然单独前进，怯懦的士兵也不会擅自单独后退，这就是指挥众人作战的方法。所以夜间指挥作战多用火光和锣鼓，白天指挥作战多用旌旗，这样做都是为了适应士卒的视听能力。

对于敌人的军队，可以设法使其士气低落；对于敌人的将领，可以设法动摇他的心志。因此，军队的士气在初战时饱满旺盛，经过一段时间后就会逐渐怠惰低落，最后就会彻底衰竭。所以善于用兵的人，要设法避开敌人的锐气，等它怠惰疲惫、士气消沉的时候再去攻击，这是掌握士气的方法。以我军的严整来对待敌军的混乱，以我军的镇静来对待敌军的哗恐，这是掌握军心的方法。以我军靠近战场的优势来对待敌军远道而来的劣势，以我军的从容休整来对待敌军的奔走疲劳，以我军的粮草充足来对待敌人的饥肠辘辘，这是掌握军队战斗力的方法。不截击旗帜整齐、部署周密的敌人，不攻击士气旺盛、阵容严整的敌人，这是掌握灵活机变的方法。

所以，用兵的法则是：敌人占据高地，就不要去仰攻；敌人背靠丘陵险阻，就不要从正面进攻；敌人假装败退，就不要跟踪追击；对敌人的精锐部队，不要主动与之交锋；对敌人诱我进攻的部队，不要去理睬；对正在撤退回国的敌人，不要加以阻截；包围伏击敌军，一定要留出缺口；对陷入绝境的敌人，不要过分逼迫。这些都是用兵的法则。

● 先知迂直之计者胜

战争中懂得运用以迂为直计谋的人才能取得胜利。战争并不是向前进攻才能胜利，迂回的作战方式可能带来更大的利益。

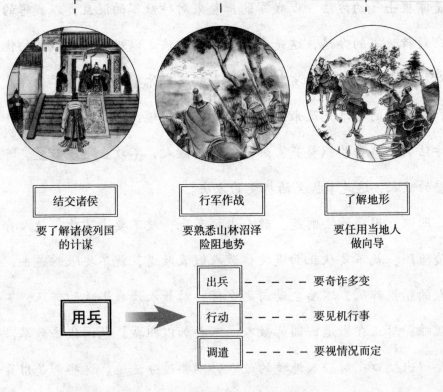

如何迂回作战取得胜利

备战

结交诸侯：要了解诸侯列国的计谋

行军作战：要熟悉山林沼泽险阻地势

了解地形：要任用当地人做向导

用兵

出兵——要奇诈多变

行动——要见机行事

调遣——要视情况而定

行军

速　行进像狂风般迅速

缓　列阵如森林般严整

攻　进攻像火般猛烈

收　退守像水般柔顺

蔽　隐蔽像阴霾般严密

动　行动像雷霆般震撼

夺粮　夺粮要分兵数路

开疆　开疆要权衡形势

● **金鼓旌旗者**

— 金鼓和旌旗是古代战争中用来传递消息的两种方式。

为何使用金鼓旌旗

原因一

士兵在战争中听不到将帅指挥口令

原因二

士兵在战争中看不到将帅指挥动作

用金鼓旌旗指挥

使用旌旗指挥使其可见

使用锣鼓号令使其可闻

使士兵更好地接收指令，按令行动

实用谋略

避其锐气，击其惰归——合肥之战

善于用兵之人，总是避开敌人初来时的锐势，等敌人疲惫时再狠狠予以打击。三国时吴、魏合肥之战，就是这一军事思想的最好体现。

赤壁之战后，孙权与曹操又交战数次，前者均取得了胜利。孙权认为曹操势力已经衰弱，不足为患，这正是自己扩张地盘的绝佳时机，于是在公元 214 年，亲率水军沿长江攻打曹操的江北重镇——皖城。

这次行动的总指挥是东吴大将吕蒙。吕蒙任命甘宁为升城督，命其督导攻城部队，而自己则率领精锐部队在后面跟进。甘宁手持链条，身先士卒，亲自率军攻城，很快就把皖城拿了下来。

拿下皖城后，孙权又命令吕蒙继续挥师北上，围攻合肥。此时，曹操正率军讨伐汉中的张鲁。临行前，曹操曾交给合肥护军薛悌一封书信，封角处写着：等东吴大军北攻合肥时再开启。这时东吴军队马上到达合肥，诸将就拆开曹操留下的密信。曹操书信中说：孙权到达合肥时，我军由张辽和李典出去迎战，乐进负责守城，不得与敌军交战。诸将看到曹操的指示，都颇感疑惑：敌多我寡，势如危卵，还要出兵击贼，这不是自找死路吗？况且张辽、乐进、李典三人向来不和，遇到这样的情况，谁也不服从谁的命令，这样安排岂不是自取灭亡？

在这个危急关头，张辽、乐进、李典三人冰释前嫌，决定齐心协力共破敌军。张辽披甲持戟，率领八百名死士杀向孙权的部队。东吴军队未作防备，张辽带队冲进了东吴军营之中，亲自斩杀了东吴两名将领，并且高喊着："张辽在此！"敢死队冲进吴军阵营，孙权大惊，左右侍卫急忙拥着孙权退到小土丘上，并奋力抵挡袭营的曹军。

张辽率领将士从凌晨一直激战到中午，致使吴军士兵死伤无数，士气也渐渐低沉下来，张辽遂领军回城，准备守城事宜。而魏军初战告捷，军心大振，将领们对张辽也心悦诚服。

不久，东吴的后续部队到达合肥，孙权决定大举攻城。然而，合肥城墙高且坚固，东吴诸将连续强攻了十几日都打不下来，吕蒙、甘宁等人一时也想不出什么破城良计，此时东吴军中疾疫流行，再打下去也没什么意义，孙权只好下令班师回朝。

张辽在城上看着吴军撤退，发现孙权主阵排在大军的最后方，而且兵力很少，便与李典、乐进率领合肥的守军出城袭击。

孙权看到合肥城步骑齐出，知道大事不妙，赶紧命前面已撤退的部队返回。但是前锋部队已经走得很远，一时赶不回来。最终，孙权在右部督凌统所属的三百侍卫奋死力战之下，才勉强逃脱。

合肥之战，曹军躲避东吴军队的锋芒，并趁其麻痹大意之时，派出精锐部队进行偷袭。待东吴军队无奈撤退时，曹军又偷袭它的后备军队，险些擒获东吴主孙权。这些都充分体现了"避其锐气，击其惰归"的军事思想。

邲之战

孙子认为，在行军打仗时，要学会趋利避害，并提出了“避其锐气，击其惰归”的著名军事原则。春秋时期的邲之战，就是这一军事原则的最好体现。

邲之战，是春秋中期的一次著名会战，是当时两个最强大的诸侯国——晋、楚为争霸中原而进行的第二次重大较量。在此次会战中，楚军利用晋军内部意见不一、指挥无力等弱点，适时出击，战胜对手，从而一雪城濮之战中失败的耻辱，在中原争霸斗争中暂时占了上风。

周定王十年（公元前597年）春，楚庄王以郑国私通晋国为由，大举伐郑，围攻郑都新郑（今属河南）。六月，新郑城破，郑襄公向楚军请和。楚庄王同意与郑国媾和，并退兵三十里，派使臣与郑国会盟。郑襄公则派自己的弟弟子良到楚国去做人质。郑国是晋国进入中原的必经之地，晋国自然不能放弃。楚围郑之际，晋景公便决定派荀林父率上、中、下三军援救郑国。

但是，晋国进军缓慢，贻误了作战时机。当郑与楚媾和的消息传来时，晋军才抵达今河南省黄河北岸的温县地区，战略上陷入了被动。主帅荀林父认为救郑已无意义，欲引军而还。上军主将士会亦认为，楚国内部稳定，军队训练有素，从时机、准备、士气上都处于有利地位，如果现在同它作战一定对晋不利，主张暂缓行动，等待时机。而中军副将先縠则认为，面对强敌，晋军如果退缩，那就必将使晋国的霸业落空，因此极力反对撤军。后来，他竟不顾荀林父的军令，自率中军一部渡河。这种行为打乱了荀林父的军事部署。这时，晋军大将司马韩厥向荀林父建议："先縠以偏师攻敌，势必招致危险，您身为元帅，对此是负有责任的。还不如命令全军渡河前进，这样，即使打了败仗，责任也是由大家共同承担。"荀林父被迫令全军南渡黄河，行至邲地（今河南衡雍西南），由西向东背靠黄河列阵。

不久，晋军北进至于郔地（今郑州北），并纵马到河边饮水。得知晋军渡河而来，楚庄王近臣伍参建议与晋交战；庄王及孙叔敖则认为征服郑国的目的已经达到了，没必要再与晋国交战，遂决定率军南撤。伍参又向庄王进言："荀林父统率中军，但是将士们根本不听他的命令。如今晋军将帅之间有矛盾，打仗的话晋军必定失败；况且您是堂堂大国的君主，如果就这样避战，恐怕会给国家带来耻辱，望大王三思啊！"楚庄王听后，打消了南撤的念头，决定与晋国一战，于是率兵向北推进，抵达管地。

晋、楚两军对峙之际，郑襄公派遣使臣皇戌前往晋营，劝说荀林父进攻楚军。对于郑国的这一建议，晋军将帅又进行了一场争论。郤縠主张立即出战，认为打赢了这一仗，不但能威慑楚国，还能使郑国臣服于晋国。下军副将栾书则不同意郤縠的看法，他认为楚军实力强大，不容易对付，搞不好还会使自己陷入困境；而郑国所以来劝战，纯粹是出于对自身利益的考虑，即希望晋、楚速战速决，以战争结局来决定自己的去从。荀林父一时难以作出决定。

为了麻痹晋军，并使其怠于防备，楚庄王先派少宰到晋营之中谦辞请和，表示楚国这番出师北上，目的只是为了教训一下郑国，并无开罪晋国的意思。晋国上军将领士会代表荀林父以礼相答，而先縠也与楚使会面，并厉言说：“晋军这才前来，正是为了把楚军从郑国赶走，如果楚国不退军，那么晋国只好进攻你们了。”楚国少宰出使晋营归来后，楚庄王又几次遣使到晋军营帐求和。荀林父本来就因为将不从命而没有决战之心，现在又被楚国一再示弱求和的假象所迷惑，所以放松了戒备。后来，荀林父与楚使正式约定盟期，以求体面回师。楚庄王见决战时机成熟，遂派善战的许伯、乐伯、摄叔率军突袭，冲入晋营，斩杀晋军将士无数，然后撤了回去。

荀林父一心想与楚结盟，仍旧不做战斗准备，不久又派魏锜、赵旃二将赴楚营约盟。之前，魏、赵二人曾向荀林父求公族大夫和卿之职，但是荀林父没有答应。魏、赵二人想趁出使楚军的机会，抢了荀林父的功劳。于是，两人到达楚营后，擅自向楚军发起进攻，结果被楚军打得大败。楚军主力遂借机倾巢而出，猛烈攻打晋军各部。

荀林父正待楚使来盟，没想到楚军如潮而至，他惊慌失措，急忙下令全军渡河北撤，并宣称“先渡河者有赏”。晋上军设伏未动，中军、下军纷纷向河边溃逃。

晋军没有了统一的指挥，在楚军追击之下，溃不成军，死伤惨重。晋中军大夫赵婴齐因预先备有船只，故而率所部抢先渡河。中军余部和下军退至河边，相互抢夺船只，先上船者甚至斫斩攀船者的手指，导致船上断臂断指积成一堆，晋军损失惨重。所幸的是，楚军并没有打算在河岸聚歼晋军，而且此时晋上军在士会指挥下，设伏挫败了楚公子婴齐所率领的楚左军，晋下军大夫荀首也射杀了楚先锋将领连尹襄老，俘获了楚公子谷臣，所有这些都起到了掩护晋军渡河的作用，晋军大部终于渡河脱离了危险。

经过一天的激烈战斗，楚军取得了战争的胜利，楚庄王率军进至衡雍（今河南原阳西），祭祀河神，作先君之庙，宣告楚胜晋败，凯旋回师。

邲之战中，楚国的战略战术可以分为以下三步：

第一步，诱敌。围困郑国，引诱晋国来援。晋军远道而来，必然疲惫，楚军正好以逸待劳。

第二步，示弱。楚国在发动进攻之前一再请和示弱，一方面使晋军放松戒备；另一方面，自己的军队会因此而愤怒，表现出强烈的求战欲望。

第三步，袭击。最后选择了发动突然袭击的方式攻击晋军，时机选得恰到好处。

实际上，以当时双方的战力和心态来说，即便是正面交锋，楚国依然占有较大胜算。采取了以上的战略战术，楚国不仅轻松地战胜晋国，而且还取得了完胜。

李文忠劳敌之术

善于用兵的人，应当设法避开敌人的锐气，等它怠惰疲惫、士气消沉的时候再去攻击，这样才能取得战争的胜利。李文忠疲劳敌人的战术，正是这一军事原则的集中体现。

洪武二年（1369 年）春，正在北方追击元朝残余势力的征虏副将军常遇春暴病而亡，明太祖万分悲痛，追封他为开平王。同时，明太祖诏命李文忠袭常遇春之职，发兵攻打庆阳。

李文忠兵至太原，听说元将脱列伯围攻大同，大同危在旦夕。李文忠对诸将说："将在外，君命有所不受。只要有利于战局，专擅也无妨。现在大同被围，宜速去救援，若禀命而后再行动，岂不坐失良机？"遂引军出雁门，行至马邑，与元平章刘帖木率领的数千游骑相遇。李文忠指挥部下与敌交战，结果大败元军，生擒元将刘帖木。

李文忠率明军进至白杨门，择地安营扎寨。这天夜里，天降雨雪，满山都成了银白色。李文忠不敢有丝毫大意，引亲兵在营外巡视，见雪地上似有行人踪迹，立即策马而还，督军前移五里后才阻水立寨。诸将询问缘故，李文忠说："以前安营之处是元军伏兵的地方，很危险。现在移兵到此地，稍觉安全，但须严加防范，以警惕元军劫营。"

果然不出所料，脱列伯派兵乘夜劫营，被李文忠部的炮矢击退。次日，天色微明，李文忠秣马厉兵，派出两营军士前去挑战。此时，折腾一夜的元军正准备埋锅造饭，见明军杀来，也顾不得吃饭，强打精神上马迎战。双方打了几个时辰，未分胜负。李文忠的属下认为应速战速决，于是劝李文忠发兵增援，李文忠泰然自若，并不发兵。待元军战到疲惫不堪之时，李文忠立即上马，率两路大军左右夹击，如泰山压顶般包抄过来。元军整日没有吃饭，已经没有一点儿力气了，这时又看到大批明军向他们杀来，个个吓得惊慌失措。脱列伯腹背受敌，欲打马逃遁，李文忠赶上一枪刺死他的战马，脱列伯从马下摔了下来，被生擒活捉。元军余众见主帅被俘，纷纷下马乞降，李文忠大获全胜。

《十一家注孙子·李筌》中说："敌逸，我能劳之者，善功也。"

李文忠先派小股部队与敌人纠缠，把敌人搞得疲惫不堪，而大部队却以逸待劳，待时机成熟再发起猛攻，从而一举歼灭敌人。

诸葛亮妙用木牛流马

军争就是要争夺战争主动权。两军交战的时候，谁拥有主动权，谁就能够克敌制胜。诸葛亮妙用木牛流马退敌的故事，便体现了军争的思想。

诸葛亮最后一次北伐曹魏，率军出祁山而与魏军对峙。魏将司马懿知道蜀军粮草运输困难，所以采取了坚守不出的策略。在此情况下，诸葛亮命蜀军制造了先进的运输工具——木牛流马，蜀军的粮草供应问题因而得以解决。

司马懿听说这一情况后吃了一惊，心里暗想："我所以坚守不出，就是因为他们粮草不能接济，想着他们会自行溃败；可如今他们用了此法，必是作了打持久战的打算，不想退兵了，这可怎么办？"于是急唤张虎、乐綝二人，吩咐道："你二人各引五百军士，从斜谷小路抄出；待蜀兵驱过木牛流马，便一齐杀出；不可多抢，只抢三五匹便回。"

张、乐二人依令，各引五百军士，扮作蜀兵，埋伏在斜谷之中。不多时，果然看见蜀将高翔引兵驱木牛流马而来。等蜀军将要全部通过斜谷之时，魏军突然杀出，抢了几匹木牛流马便速速收兵回营了。司马懿看了木牛流马，十分高兴，说："你会用此法，难道我不会用！"逐令巧匠百余人，照原样制造木牛流马。不到半个月，便造出两千余只，而且使用效果与诸葛亮所造的一般无二。司马懿随即命令镇远将军岑威引一千军士，驱驾木牛流马去陇西搬运粮草，运输速度大大提高，魏营的军将无不欢喜。

高翔回到营中，向诸葛亮报告了魏军抢夺木牛流马一事，诸葛亮笑着说："我正是要他去抢，我只费了几匹木牛流马，不久便可得到他们更多的财物！"几天后，有人来报说魏兵也造了木牛流马，正往陇西搬运粮草。

诸葛亮听到这一消息，心中大喜，说："果然不出我所料。"当下唤大将王平来见，吩咐说："你引一千人马，扮作魏人，星夜偷过北原，只说是巡粮军，径直赶往运粮之所，将魏军护粮之人杀散；而后驱木牛流马奔回北原。魏军必然追赶，你就将木牛流马口内舌头扭转，牛马就不能行动。你先弃之而走，等我率兵赶到，你再回兵将牛马舌扭过来，继续行走！"王平领命而去。诸葛亮又唤张嶷来见，吩咐说："你引五百军士，都扮作六丁六甲神兵，鬼头兽身，用五彩涂面，内藏烟火之物，伏于山旁。待木牛流马到时，放起烟火，一齐拥出，驱牛马而行。魏人见到后，必然怀疑是神鬼，一定不敢来追赶。"张嶷也领命而去。诸葛亮又吩咐魏延、姜维引兵一万，去北原寨口接应木牛流马；派廖化、张翼引五千兵，去截断司马懿去路。

魏将岑威用木牛流马运送粮草，这时手下忽然报告说前面有兵巡粮。岑威令人前去探听虚实，听说确是魏兵，这才放心前进，与巡粮军兵合一处。走不多时，忽听身后大乱，又有人大喊："蜀中大将王平在此！"岑威还没缓过神来，就被王平一刀斩了，押粮的魏军也四散逃走。王平当下依诸葛亮之计尽驱木牛流马而回。魏将郭淮闻听军粮被劫，急忙引军来救。王平于是命令军士扭转木牛流马舌头，弃之而走。郭淮也没有上来追赶，只是叫魏军将木牛流马驱回；可是无论军士们如何推拉，那木牛流马就是纹丝不动。

没过多久，就听到鼓角喧天，杀声四起，郭淮定睛一看，是魏延、姜维引军杀来。王平也引军杀回。在三路人马的夹攻之下，郭淮大败而归。王平又让军士将木牛流马舌头扭转回去，那木牛流马又可以行走了。郭淮望见了，很不甘心，正想要回兵再追，只见山后出现了一队形状诡异的怪物，他们个个手执旗剑，龇牙咧嘴，驱驾着木牛流马如风一般向自己杀来。郭淮看了大惊失色，说:“这一定是有神相助啊！”于是不敢再去追赶。

诸葛亮故意让魏军劫走木牛流马，在木牛流马内暗设机关，使魏军不知其中奥妙，延误了时机；而蜀军则趁机完成了集结，这些都是对孙子以迂为直、以利诱敌思想的绝妙运用。

四面楚歌

公元前 203 年八月，项羽和刘邦议和，约定以鸿沟（在今河南荣县境贾鲁河）为边界，“中分天下”，互不侵犯。一个月后，项羽领军东归，刘邦也想引兵向西。此时，刘邦的谋臣张良、陈平劝谏道：“天下三分之二已经归我所有，而楚军目前粮草不足、士兵疲乏，正是灭项羽的天赐良机，岂可养虎遗患！”刘邦醒悟，遂火速命韩信、彭越等大将同时出兵，自己则亲率大军追击楚军，准备合力灭楚。

然而，韩信、彭越均按兵不动。张良见此情形，向刘邦献计说："要想调动韩、彭二人，必须给他们赏赐。请大王派人告知他们：如果打败楚军，将平分楚地，韩、彭各半。"刘邦依计行事，韩、彭二人得此消息后，果然立即大举进兵。经过数次激战，最终韩信用计将项羽团团困于垓下（在今安徽灵璧县东南）。

楚军被困日久，粮食渐渐吃光，时值隆冬，寒风凛冽，士兵们饥寒交迫，军心不稳。一天晚上，夜深人静时分，四周突然响起楚地的民歌。在箫声的伴奏下越显凄凉："寒夜深冬兮，四野飞霜。天高水固兮，寒雁悲怆。最苦戍边兮，日夜彷徨……"

项羽听了，大吃一惊，心想："难道汉军已经完全占领了楚地？不然的话，为何他队伍中的楚人会这么多呢？"楚歌还在唱着，即使在寒风中也能听得清清楚楚："虽有田园兮，谁与之守？邻家酒热兮，谁与之尝？白发倚门兮，望穿秋水。稚子忆念兮，泪断肝肠……"

哀怨的歌声此起彼伏，不绝于耳。项羽军队中的士卒多为楚地人，听到家乡民歌，自然而然地勾起了思乡之情，有的随之唱和，有的潸然泪下，这样一来，他们哪里还有心思打仗！楚军士兵开始三三两两地叛逃，发展到后来，竟然整批整批地逃到汉营。

面对如此糟糕的情况，项羽也无可奈何，何况他也在这四面楚歌中丧失了斗志，只能借酒浇愁。对着最宠爱的妃子虞姬，他心里感到悲痛，慷慨悲歌："力拔山兮气盖世。时不利兮骓不逝。骓不逝兮可奈何！虞兮虞兮奈若何！"（力量足以拔起大山啊，勇气压倒当世。时运不利啊，乌骓马不能奔驰。乌骓马不能奔驰啊，可怎么办！虞姬啊虞姬啊，我该拿你怎么办！）

歌罢，项羽潸然泪下，旁边的人也都低声哭泣起来。虞姬鼓励项羽赶快杀出重围，然后在他面前自刎身亡。项羽悲愤交加，带着八百余名士兵突围，浴血奋战，逃至乌江边时，身边仅剩下二十八骑。面对追来的大批汉军，有人劝项羽忍一时之辱，先过江，以图东山再起。项羽感到无颜面对江东父老，最终拔剑自尽。至此，刘邦在楚汉之争中彻底胜出，不久即建立汉朝，是为汉高祖。

可惜项羽至死不知在汉营中唱楚歌的并非全是楚地人，而这实际上是张良布置的“攻心夺气”之策。张良教所有的汉军将士唱楚歌，不费吹灰之力就瓦解了楚军的军心。

商业案例

以退为进的谈判

在商业谈判中，退避的策略也可以掌握主动权，以退为进的谈判方式，正是军争思想在商业领域的灵活运用。

英国友尼利福公司总经理柯尔可谓是一位深谙“以退为进”之道的大师。在企业经营和商业谈判中，柯尔不时采取退让策略，把更多的利益让给对方，而这样做的结果往往是退一步最后却进了两步。

柯尔很早就在非洲东海岸建立了友那蒂特非洲子公司，从业人员达14万。公司的重要财源之一是栽培食用油料落花生。二战结束后，非洲各地掀起民族独立运动高潮，独立的国家纷纷把土地收归国有，友那蒂特非洲子公司也时刻面临着被逐出的危险。

在这个关键时刻，柯尔在老朋友的帮助下，对友那蒂特非洲子公司采取了任用非洲人为首席经理人员、非洲人与白人同工同酬等六项有利于非洲各国的改革措施。在与几内亚政府交涉时，柯尔主动表示将公司撤出去。几内亚政府为柯尔的诚意所感动，出人意料地表示希望柯尔的公司留下来。在与加纳政府交涉时，柯尔主动地把栽培地交还给加纳政府。加纳也为柯尔的诚意所感动，并邀请柯尔的友尼利福公司成为政府食用油料的买卖代理人，这意味着柯尔在加纳是食用油经营权的唯一持有者。在非洲其他国家，柯尔的主动退让策略也都得到了大小不同的“回报”。实际上，在风起云涌的非洲独立运动中，柯尔不但没有受到损失，反而有所收获。

【点评】

《军争篇》论述的是如何与敌争夺有利的制胜条件，即如何争夺有利的战地和战机的问题，二者在战争中有着至关重要的意义。

关于赢得军争的方法，孙子提出了“迂直”的概念。迂直的主导思想便是“以迂为直”，讲求的是用计谋使敌人受到误导和牵绊，用小利引诱迟滞敌人，使自己能够在敌人率先出发的情况下，却先敌人而到达。孙子所说的“故迂其途，而诱之以利，后人发，先人至”就是这个意思。“以迂为直”的战略表面上看可能意味着多付出、多耗费，实际上却能使自己始终处于主动的地位，因为敌人始终是在被我所支配和左右。

人们常说：“忍一时，风平浪静；退一步，海阔天空。”又说：“宰相肚里能撑船。”说的都是“以迂为直、以退为进”之意。

九变篇

【导读】

本篇主要论述主将应根据不同情况灵活运用不同的战略战术，提出“有备无患”的战略思想，强调“智者之虑，必杂于利害”，要趋利避害，防患于未然。最后点明“将有五危”，应当引以为戒。

【原文】

孙子曰：凡用兵之法，将受命于君，合军聚众。圮地无舍①，衢地交合②，绝地无留③，围地则谋④，死地则战⑤；途有所不由⑥，军有所不击，城有所不攻，地有所不争，君命有所不受。

故将通于九变之地利者⑦，知用兵矣；将不通于九变之利者，虽知地形，不能得地之利矣。治兵不知九变之术⑧，虽知五利⑨，不能得人之用矣。

是故智者之虑，必杂于利害⑩，杂于利而务可信也⑪；杂于害而患可解也[12]。

是故屈诸侯者以害[13]，役诸侯者以业[14]，趋诸侯者以利[15]。

故用兵之法，无恃其不来，恃吾有以待也；无恃其不攻，恃吾有所不可攻也。

故将有五危：必死[16]，可杀也；必生[17]，可虏也；忿速[18]，可侮也；廉洁[19]，可辱也；爱民，可烦也。凡此五者，将之过也，用兵之灾也。覆军杀将，必以五危，不可不察也。

【注释】

①圮（pǐ）地无舍：不可在难以通行的山林、险阻、沼泽等地宿营。圮地，难于通行的地区。圮，毁坏、倒塌。舍，止，这里指宿营。

②衢（qú）地：四通八达的地区。衢，四通八达。交合：结交邻国以为后援。

③绝地：指交通困难、水草粮食缺乏、部队难以生存的地区。

④围地：指地形四面险阻、出入通路狭窄的地区。

⑤死地：指不经过死战就无法生存的地区。

⑥塗：通“途”，道路。

⑦九变：多变之意，这里指作战中的各种机变，即在军事行动中，要根据不同情况灵活运用一般原则，做到应变自如，而不要墨守成规。

⑧九变之术：指与“九变”相关的具体手段和方法。

⑨五利：指上文中的“塗有所不由，军有所不击，城有所不攻，地有所不争，君命有所不受”。

⑩杂于利害：兼顾到利益和害处两个方面。杂，掺杂，这里引申为兼顾。

⑪信：通“伸”，伸行、发展。

⑫杂于害而患可解：指在不利的情况下，考虑到有利的方面，祸患就可以解除。

⑬屈诸侯者以害：指用诸侯所害怕的事情去迫使他们屈服。

⑭役：役使，这里指役使诸侯为我效力。业：指危险的事情。

⑮趋诸侯者以利：关于这句话有两种解释：一说指用小利引诱调动诸侯，使其疲于奔走；一说指以利益引诱诸侯，使其追随归附自己。这里选择后一种解释。

⑯必死：这里指有勇无谋，只知死拼。

⑰必生：这里指贪生怕死，临阵畏怯。

⑱忿（fèn）速：这里指急躁易怒。忿，忿怒。

⑲廉洁：这里指洁身清廉，自矜名节。

【译文】

孙子说：大凡用兵的法则，主将接受了国君的命令，就开始征集民众，组织军队。军队行进时，不可在“圮地”上宿营；在“衢地”上应该结交邻国；不可在“绝地”上停留；遇到“围地”要有所防范和谋划；陷入“死地”时要殊死奋战。有的道路不要通过，有的敌军不要攻击，有的城池不要攻占，有的地方不要争夺；即使是国君的命令，不适合的也可以不执行。

所以，将帅如果能够通晓各种机变的利弊并加以灵活运用，就是懂得用兵了；将帅如果不能够通晓各种机变的利弊，即使知道地形情况，也不能获得地利之便。指挥军队而不知道各种机变的方法，即使知道“五利”（即圮、衢、绝、围、死），也不能充分发挥军队的作用。

因此，明智的将帅考虑问题，必定同时兼顾利与害两个方面。在有利的情况下考虑到不利的方面，所做的事情就一定能够成功；在不利的情况下考虑到有利的方面，祸患就可以解除了。

因此，要想迫使诸侯屈服，就要用其最害怕的事情去威胁他们；

● 故将有五危

将帅有五种致命弱点，如果不留心防范，或是被敌军加以利用，都会造成兵败。

造成将领兵败的五个弱点

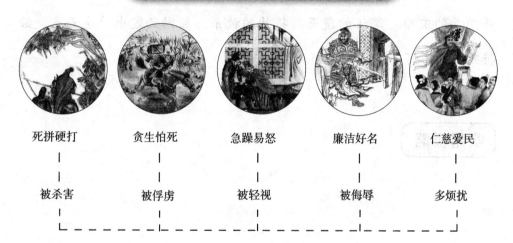

死拼硬打	贪生怕死	急躁易怒	廉洁好名	仁慈爱民
被杀害	被俘虏	被轻视	被侮辱	多烦扰

↓

将领之过错，用兵之灾难

↓

全军覆没，将帅被杀

要想役使诸侯为我效力，就要用危险的事情去烦扰他们；要想使诸侯归附自己，就要用利益去引诱他们。

所以，用兵的法则是，不要寄希望于敌人不来，而要依靠自己做好充分的准备；不要寄希望于敌人不进攻，而要依靠自己拥有使敌人无法进攻的力量。

将帅有五种致命的弱点：一味死战硬拼，就可能被敌人诱杀；贪生怕死，就可能被敌人俘虏；急躁易怒，就可能因为敌人的侮辱而轻举妄动；一味廉洁好名，就可能因为敌人的毁谤而丧失理智；一味仁慈爱民，就可能因为烦扰过多而不得安宁。这五点是将帅易犯的过错，是用兵的灾难。军队的覆灭、将帅的被杀，原因必定出于这五点，做将帅的人不可不慎重考虑啊。

实用谋略

孙武不受君命

公元前515年，吴国公子光夺得吴国王位，称“阖闾”。阖闾即位后，注重搜罗各种人才，立志称霸于天下。孙武的好友伍子胥将孙武推荐给了吴王，孙武进见时就将自己撰写的这兵法十三篇呈献给了吴王。

吴王看过了兵法，连连称好，但是不知孙武是否能将这些理论运用于实战当中，便对孙武说：“你的兵法十三篇，我已经看过了，确实是不同凡响，但不知实行起来如何，可否用它小规模地演练一下，让我们见识见识？”孙武回答：“可以。”吴王又问：“先生打算用什么样的人去演练？”孙武答：“随君王的意愿，用什么样的人都可以。不管是高贵的还是低贱的，也不论是男的还是女的，都可以。”吴王想给孙武出个难题，便拨了一百多个宫女让孙武演练。孙武把这一百多个宫女分成了左右两队，并让吴王最为宠爱的两位美姬分别为左队和右队的队长。

孙武首先向宫女们讲明了演练的要领，而后又申明了军令，这才让宫女们进行操练。哪知那些宫女们视操练如儿戏，一个个笑得前仰后合，队伍一片混乱。孙武平静地说：“这次你们的动作不合规定，是因为我讲的还不够明确，你们对军令也不太熟悉，责任在我。”于是又把军令和演练的要领重申了一遍，然后命令重新开始操练。可是宫女们不但不听号令，而且笑得比上一次更厉害，练兵场上一片喧哗。孙武严肃地说：“规定不明确，军令不熟悉，这是将帅的罪过；规定已经明确，军令已经熟悉，还要明知故犯，这就是士兵的过错了。”说罢，下令按军法从事：处死两名队长。吴王在台上看见孙武要杀自己的两个爱姬，大为惊骇，立即派人向孙武求情：“寡人已经知道将军善于用兵了；可是，我若没有这两个爱姬侍候，吃饭也没有味道，请将军饶了她俩吧！”孙武毫不留情地说：“臣既然受命为将，将在军中，君命有所不受。”

孙武执意杀掉两位队长，任命两队的排头充当队长，继续练兵。当孙武再次击鼓发令时，众宫女前后左右，进退回旋，跪爬滚起，全都合乎规矩，阵形十分齐整。孙武请吴王阖闾检阅，阖闾正因为失去爱姬不高兴，说："让她们回去休息，我不愿下去看了。"孙武便求见阖闾，说："令行禁止，赏罚分明，这是兵家的常法，为将治军的通则。对士卒一定要威严，只有这样，他们才会听从号令，打仗才能克敌制胜。"听了孙武的一席话，吴王阖闾怒气消散，终于拜孙武为吴军的统帅。

周亚夫平定七国之乱

在战争中，要善于根据特殊的情况，灵活变换战术以赢得战争的胜利。周亚夫平定七国之乱，便集中体现了孙子随机应变、灵活机动的作战指挥思想。

刘邦战胜项羽建立汉王朝以后，为了巩固自己的统治，杀掉了汉初所分封的绝大多数异姓王，并大封同姓子弟为王，企图用血缘关系将刘氏一统天下的局面长期维持下去。但是他所分封的同姓王的地域占了汉朝的大半疆土，而皇帝直辖的郡县相对较少，结果同姓诸侯王割据一方，势力越来越大，逐渐形成尾大不掉之势。

汉文帝在位时，已经注意到了这一问题，采取了一些措施，削弱诸侯王势力，加强中央集权。景帝即位以后，诸侯王对朝廷的威胁日益严重，诸侯国财富日增，势力日强，几乎到了要与朝廷分庭抗礼的地步。景帝听从大臣晁错"削藩集权"的主张，先后削夺了赵、楚、吴等国部分郡县的统治权，将这些郡县收归中央管辖。

诸侯王不甘心力量就此被削弱，纷纷表示对"削藩"的强烈不满。当时反对最强烈的是吴王刘濞。吴国的都城在广陵（今江苏扬州北），辖有豫章（今江西地区）、会稽（今苏南和浙江地区）等郡，封土广大，财力雄厚。铸钱和贩盐关系着经济和民生命脉，一向由国家掌控。刘濞却在自己的封地里私自铸钱，煮盐贩卖，暗中积蓄力量，企图夺取皇位。“削藩”的举措让他看到了可乘之机，于是纠合楚王、胶西王、齐王、菑川王、胶东王、济南王、济北王、赵王等诸侯王，准备发动叛乱。

景帝三年（公元前 154 年）正月，朝廷下令削夺吴会稽、豫章二郡。吴王便打着“诛晁错、清君侧”的旗号，首先起兵，并迅速派人通知闽越、东越出兵相助。由于齐王悔约背盟，济北王被部下劫持无法发兵，故而实际参加叛乱的仅有七国，史称“七国之乱”。

景帝得知七国叛乱后，一开始被叛军的口号所迷惑，错误地估计了形势，便采取姑息安抚的政策，腰斩了无辜的晁错，又恢复了诸王的封地，想以此来换取七国的退兵。但叛军依然马不停蹄地向长安进发，因为杀晁错只是一个借口，他们所图谋的乃是皇位。看清了这一形势，景帝痛悔不该诛杀晁错，并下定决心平叛。他任命周亚夫为太尉，让其负责平叛事宜。

周亚夫接到命令后，向景帝提出了他所制订的作战方案：吴楚联军行动迅捷、矫健勇猛，加上士气正盛，应尽量避免与之正面交锋，不如暂且让他们占领梁国，自己正好利用这段时间率大军迂回至吴军背后，断其粮道，然后一举制服叛军。景帝采纳了周亚夫的意见。

周亚夫率军从长安出发，准备兵分数路，最终在洛阳会师。后来，在部属的建议下，周亚夫突然改变原定计划，绕道而行：避开崤、渑（在今陕西潼关至河南渑池一带），绕道武关（在今陕西丹凤东南），经南阳（今属河南）直奔洛阳。虽然大军比原定路线多走了一两天时间，却令埋伏在崤、渑之间的敌军伏兵扑了个空。这样，周亚夫不仅神不知鬼不觉地抵达了洛阳，还突然发兵攻占荥阳，抢先控制了洛阳武库及荥阳西北的敖仓（军用粮仓）。之后，周亚夫立刻派兵清除了半道上的吴、楚伏兵，使潼关、洛阳间的交通补给线畅通无阻，巩固了后方的安全。

接下来，周亚夫率军三十余万东出荥阳，进抵淮阳。吴、楚军队之前一路势如破竹，气势高涨。为了避其锐气，周亚夫引兵到东北方，屯于昌邑（在今山东金乡西北）。其时吴、楚联军正猛烈攻打梁国，梁国形势危急，梁王向周亚夫求救，周亚夫却按兵不动。梁王于是上书向景帝报告梁国战事吃紧，景帝诏令周亚夫派兵救援，周亚夫却坚守营垒，按兵不动。趁吴楚联军将注意力都集中在攻打梁国上，周亚夫派出轻骑，悄悄迂回到联军后方，截断了他们的粮道。

粮道被断，粮草短缺，吴楚联军陷入了进退维谷的境地。他们想与周亚夫的军队速战速决，于是不断向坚守不出的周亚夫下战书。但无论敌人如何挑衅，周亚夫只是闭门坚守，而是乘敌人懈怠之时，再不时派出精兵袭扰联军。

吴楚联军采用了很多种进攻方案，比如佯攻壁垒的东南角，实攻西北角，但都被周亚夫一一识破。吴楚联军久攻不下，又无退路，加上粮草不足，很快就陷入了困境，士气受挫，汉军以逸待劳，不时给敌人以沉重打击。兵疲粮尽的联军只能无奈撤退。

就在联军撤退之时，周亚夫立刻派出精锐部队追击，取得大胜。楚王刘戊被迫自杀，吴王刘濞丢弃了大部分军队，只带几千亲兵向南逃去。汉军穷追不舍，刘濞逃至丹徒（在今江苏镇江市东南），企图依托东越作最后挣扎。周亚夫趁势追杀，俘虏了大批吴国将士，并下令："凡有能擒住吴王的，赏千金。"所谓"重赏之下必有勇夫"，一个多月后，东越王在汉军的威逼利诱下，杀了吴王刘濞，献上了他的首级。

周亚夫仅仅用了三个月的时间，便消灭了七国之乱的主力——吴楚联军。很快，其他数国也一一被击败，作乱的诸侯王或自杀或被诛杀，声势浩大的七国之乱终于被彻底平定。

在平定七国之乱的过程中，周亚夫的表现正符合孙子所说的“将通于九变之地利者，知用兵矣”：面对危急的形势，他没有急于杀敌建功，依然保持冷静的头脑，闭门坚守，“途有所不由，军有所不击，城有所不攻，地有所不争，君命有所不受”；他用千金引诱东越王，巧妙除掉了刘濞这个心腹大患，正是“趋诸侯者以利”。这一切，无不展现了他作为一个优秀的将帅所具备的素质。

陆抗于西陵平叛

作为将领，能否根据战场形势的变化，及时对战略作出调整，这对于一场战役的胜败，甚至整个战争的全局，都有着重大关系。

公元272年秋，东吴西陵（在今湖北宜昌西北）都督步阐突然投降晋朝。东吴大将军陆抗闻讯，急忙派将军左奕、吾彦等率军征讨。晋武帝得知这一消息后，命荆州刺史杨肇前往西陵，又命车骑将军羊祜率步军出击江陵，巴东将军徐胤率水军出击建平，以援救步阐。

陆抗命令士兵在西陵城外修筑坚固严密的长围，对内可以围困步阐，对外可以抵御晋朝援军。士卒们昼夜不停地劳作，叫苦不迭。部将认为不必修筑长围，只要抢在晋援军赶来之前强攻拿下西陵城即可。但西陵城的防御设施均为陆抗亲手设置，其坚固程度只有陆抗心中最清楚，此城不可能很快被攻克。

防御工事刚刚筑成，晋将羊祜就带领五万晋兵赶到了江陵。东吴诸将又提出，不应只守西陵，还应分兵保卫江陵。陆抗说："江陵城防坚固，兵源充足；即使敌人攻下江陵，也一定守不住，不必担忧。但如果晋军占领了西陵，那么南山的众多夷人就会发生骚乱，会后患无穷。"

考虑到江陵的北面道路平坦，陆抗又令江陵都督张咸修筑大堤挡住江水，使江水都转而流往平地，以防止步阐叛军溃逃。

晋将羊祜本来是想利用所阻的江水行船运粮，却故意放出消息说要破坏大堤。陆抗听到后，准确判断出对方意图，立即令张咸抢先破坏大堤。羊祜到达当阳时，只见大堤已经遭到破坏，不得不改船为车。但车的运载量不及船，用车运送粮食，占用了大量的人力和时间。

就在两军对峙时，发生了一件意外的事情：吴军都督俞赞叛逃投降晋军，形势瞬间变得十分严峻。陆抗对众将说："俞赞是军中的老将，对我军的虚实了解得极为详细。我之前常常忧虑夷兵训练不严，战斗力不强。俞赞必定会建议敌人以其为突破口，向我军营发起进攻。"于是陆抗连夜换防，将夷兵换到别处，而调集精兵把守原来夷兵的营垒。

第二天，晋将杨肇果然率兵攻打原来夷兵驻守的地方。陆抗命令向晋军出击，霎时间矢石如雨，晋军死伤无数。陆抗想乘胜追击，又担心步阐从围内攻击，导致腹背受敌，因此便命部下大声呐喊，奋力鸣鼓，摆出追击的样子。杨肇的军队听到鼓声，害怕被吴军追上，遂丢盔弃甲，拼命逃窜。陆抗见状，派轻骑跟踪追击，又大败晋军。羊祜见杨肇兵败，无力再战，只好撤退。

陆抗知道后顾之忧已经解除，便掉转过头来，集中全力向步阐发起进攻，没多久便拿下了西陵，活捉了步阐，将他和同谋将吏数十人全部斩首，而对其余的胁从者则予以赦免。这场叛乱终于被平定了。

杨玄感怒而失谋

作为一名将领，指挥作战时一定要保持头脑冷静，如果思维受到情绪影响，就很容易把军队带入绝境。隋朝宗室杨玄感，就因头脑不冷静而招致兵败。

隋朝末年，隋炀帝性喜享乐，奢华无度，又穷兵黩武，四处征战。百姓不堪忍受，纷纷起来反抗。

礼部尚书杨玄感负责督运粮草，他对隋炀帝的所作所为一向感到不满，于是趁机起兵造反，挥师直取东都洛阳，队伍迅速扩大到十万余人。驻守西部的代王杨侑听说东部情况危急，连忙派出四万精兵火速前往救援。此时隋炀帝正在远征高丽，得知杨玄感造反的消息后，急忙回朝镇压。

杨玄感看到赶到东都的援军越来越多，知道己方形势危急，于是急召好友李密和大将李子雄商议。李密和李子雄建议："洛阳城固兵多，短时间内恐怕很难拿下来。不如我们直取潼关，进入关中，到时打开永丰仓赈济百姓，就能赢得人心，以关中为落脚之地，再伺机向东进攻，争夺天下。"杨玄感分析当前的形势，认为二人说得有理，便立即撤去对洛阳的包围，率大军向潼关疾速进发。

弘农（今河南陕县）是杨玄感大军取潼关的必经之地。弘农太守杨智积对部下说：“如果杨玄感进入关中，恐怕将来胜负难料。我们应该将其滞留在这里，等到援军前来，再一举消灭他们！”因此，就在杨玄感率大军准备绕过弘农城时，杨智积突然站立在高高的城头上对杨玄感破口大骂，污言秽语，不堪入耳。

杨玄感听到后，勃然大怒，命令大军立刻停止前进，将弘农城团团包围起来。李密苦苦劝道：“追兵现在就在身后，万万不可在此逗留。小不忍则乱大谋，将军请三思而行！”杨玄感咽不下这口气，说：“量弘农只是一座小小的城池，能奈我何？我非得捉住杨智积这个匹夫，以泄心头之恨！”说罢，杨玄感便下令攻城。孰料杨智积早有准备，杨玄感指挥部队连攻三天，也未能将城池拿下。

这时，飞报突然传来：“追兵已经接近弘农！”杨玄感大吃一惊，这才慌忙撤去包围，继续转向潼关进军。但一切都为时晚矣，隋炀帝的大军在潼关外追上了杨玄感。杨玄感不敌，连战连败，在逃往上洛（今陕西商县）的途中，连战马也倒毙了，身边的士卒尽皆逃散，只剩下他和兄弟杨积善两个人。杨玄感悔恨交加，对兄弟说：“我只因一念之差，不听忠言，结果兵败至此，再也无脸面见人，你杀了我吧！”杨积善举剑杀死哥哥，然后自刎。

孙子说：“忿速，可侮也。”杨玄感正是忘了这一点，因为忍受不了敌人的侮辱而轻举妄动，钻进了杨智积所设的圈套，导致自己兵败身亡。正如李密所说的“小不忍则乱大谋”，为将者当谨记勿忘。

商业案例

“围地则谋”摆脱困境

“九变”强调的是灵活多变，这一计谋应用于商业领域，也能发挥奇效。

以前，纺织业一直是A省对外销售的主力。后来电子资讯业兴起，发展势头极其迅猛，已经超过了纺织业，但纺织业本身还具有一定的潜力。而A省的纺织业之所以能历久不衰，靠的正是业界人士不断创新，以及遇到困难时团结一致、同舟共济的精神。

有段时间A省遭遇能源危机，各大合成纤维厂因此举步维艰，此前所赚的利润在短短三四年间就全赔了进去，而且损失还有继续扩大的迹象。

为了应对这一危机，1977年，华隆、国华、联隆、鑫新、宝城五家化纤工厂决议合并经营。合并之后，公司以华隆为名，各公司的股权由会计师换算比率后重新分配，高阶人事与董事会则从五家公司原有人员中选择。经过一番整合，公司资本实力变得更加雄厚，财务制度也更加健全，经营渐渐有了起色，最终摆脱困境，越来越兴隆。

五家公司在面对经营上的困难时，深谙“围地则谋”之理，能达成共识，主动“谋”合并，彼此从激烈竞争的敌手变成了共渡难关的伙伴，从而使自己再次崛起，也带动了整个纺织业市场的发展。

舍小利，得大益

1993年8月，荷兰海内肯啤酒公司宣布回收已投放到澳大利亚、瑞士、英国、香港等八个国家和地区市场上的一种玻璃瓶装啤酒。原因是该公司在这种啤酒生产过程中检测出了混有玻璃碎渣的产品，于是怀疑已经投放到国外市场的这种啤酒可能有漏检的“危险品”。在回收这种啤酒的同时，该公司还大力进行宣传，请消费者不要买这种啤酒。

海内肯公司作为世界著名啤酒公司，其产品长期以来雄踞国际市场，此番回收，经济损失巨大，而且也冒着极大的市场风险。事实证明，海内肯的此次行为不仅保住了品牌形象，而且赢得了消费者的信心，比起因回收啤酒所付出的代价，海内肯公司赢得了更大的收益，而且对公司长远的发展起了深远的影响。

【点评】

“九”，在这里是为数众多的意思。古人造字以纪数，起于一，极于九；“九”于是常用来形容一些不可穷尽的事物。“变”，在这里指的是用兵作战中的灵活机变。本篇用九来形容变，就是为了让人们对战场形势的瞬息万变，战略战术的随时随事而变，利弊转换的因人因地而变有一个最直观的感悟和认识。

《九变篇》强调的是将帅们在战场上的判断力和随机应变的能力。世界上的一切事物都在不停地运动和变化着，战争也是如此。任何人都不可能经历两次完全相同的战争，因为构成和影响战争的因素也在不断地变化着。

因此，将帅们需要知道一些相对固定的程式，比如在某些情况下能够做什么，应该做什么；但更要根据战场上的实际情况对这些程式进行取舍，有些路不能走，有些目标不能攻击，君主所下达的有些命令不一定要执行，一切都根据现实情况而定。

孙子所说的善于打仗的将帅，是那些长于迅速准确地判断形势，能够灵活机变地采取相应策略的人。正如他所说："是故智者之虑，必杂于利害。"

没有杰出智慧的军事将领只能逞匹夫之勇，难以成就大事。而对于任何一个行业的管理者来讲，杰出的智慧就像一盏明灯之于黑夜那样重要。随着现代科学技术的高速发展，生产技术日趋精密，分工明确而细致，生产力大幅度提高，随之而来的竞争压力也越来越大。在这种情况下，一个企业是在激烈的竞争中脱颖而出，还是被势不可当的滔滔洪流所淘汰，在很大程度上取决于这个企业的领导者是否具有杰出的智慧，是否具有敏锐的市场洞察力、判断力和决策力，从而在纷繁复杂的形势下权衡利弊、趋利避害，把风险降低到最小，实现利益的最大化。

行军篇

【导读】

本篇主要论述行军作战的要领——在山地、江河、盐碱沼泽地、平地四种地形上行军、宿营、作战的具体原则和要求，以及通过具体现象观察判断敌情的“相敌三十二法”，并提出了“令之以文，齐之以武”的治军思想。

【原文】

孙子曰：凡处军相敌[1]：绝山依谷[2]，视生处高[3]，战隆无登[4]，此处山之军也。绝水必远水[5]；客绝水而来[6]，勿迎之于水内，令半济而击之[7]，利；欲战者，无附于水而迎客[8]；视生处高，无迎水流[9]，此处水上之军也。绝斥泽[10]，惟亟去无留[11]；若交军于斥泽之中，必依水草而背众树，此处斥泽之军也。平陆处易而右背高[12]，前死后生[13]，此处平陆之军也。凡此四军之利[14]，黄帝之所以胜四帝也[15]。

凡军好高而恶下[16]，贵阳而贱阴[17]，养生而处实[18]，军无百疾，是谓必胜。丘陵堤防，必处其阳而右背之。此兵之利，地之助也[19]。上雨，水沫至，欲涉者，待其定也。

凡地有绝涧、天井、天牢、天罗、天陷、天隙[20]，必亟去之，勿近也。吾远之，敌近之；吾迎之，敌背之。军行有险阻、潢井葭苇[21]、山林翳荟者[22]，必谨复索之[23]，此伏奸之所处也。

【注释】

①处军：指行军作战中，在各种不同的地形条件下，军队行军、作战、驻扎诸方面的处置方法。处，处置、部署。相敌：指观察判断敌情。相，观察。

②绝：横渡、穿越。

③视生处高：居高向阳。视生，向阳。

④战隆无登：指在高地上与敌人作战，不宜自下而上仰攻。隆，高地。登，攀登。

⑤绝水必远水：横渡江河，要驻扎在离河流稍远的地方，这样才有进退回旋的余地。

⑥客：这里指敌军。

⑦勿迎之于水内，令半济而击之：不要在敌军刚到水边时就迎击，而应该乘敌军渡河渡到一半时发起攻击。这时敌首尾不接，行列混乱，攻击容易取胜。迎，迎击。水内，水边。半济，渡过一半。济，渡。

⑧附：靠近。

⑨无迎水流：不要逆着水流在敌军的下游布阵或驻扎，以防敌军投毒、顺流来攻或是决堤淹我。迎，逆。

⑩绝斥泽：通过盐碱沼泽地带。斥，盐碱地。泽，沼泽地。

⑪惟亟去无留：指遇到盐碱沼泽地带，应当迅速离开，不可停留驻军。惟亟去，指应该迅速离开。惟，宜。亟，急、迅速。去，离开、离去。

⑫平陆处易而右背高：指遇到开阔地带，应该选择在平坦之处安营扎寨，最好把军队置于高地前，以高地为倚托。平陆，平原地带。易，平坦。右背高，指军队要背靠高地以为依托。右，上的意思，古时以右为上。

⑬前死后生：前低后高。死，这里是低的意思。生，这里是高的意思。

⑭四军：指前文所述的山、水、斥泽、平陆四种地形条件下的处军原则。

⑮黄帝之所以胜四帝也：这就是黄帝能战胜四方部族首领的缘由。传说黄帝曾败炎帝于阪泉，诛蚩尤于涿鹿，北逐獯鬻，统一了黄河流域。四帝，四方之帝，即四方部落联盟的首领，一般指炎帝、蚩尤等人。

⑯好（hào）高而恶（wù）下：喜欢高处而厌恶低下的地方。

⑰贵阳而贱阴：重视向阳之处而轻视阴湿地带。贵，重视。阳，向阳干燥的地方。贱，轻视。阴，背阴潮湿的地方。

⑱养生：指物产丰富、便于生活的地方。实：坚实，这里指地势高的地方。

⑲地之助：指得自地形的辅助。

⑳绝涧：指两岸陡峭、溪谷深峻、水流其间的地形。天井：指四周高峻、中间低洼的地形。天牢：指高山环绕、易进难出的地形。牢，牢狱。天罗：指草深林密，荆棘丛生，军队进入后如同陷入罗网中难以摆脱的地形。罗，罗网。天陷：指地势低洼、道路泥泞、车马易陷的地形。陷，陷阱。天隙：指两山相向、涧道狭窄、难于通行的谷地。

㉑潢（huáng）井葭（jiā）苇：指长满芦苇的低洼地带。潢井，积

水低洼之地。潢，积水池；井，指内涝积水、洼陷之地。葭苇：芦苇，这里泛指水草丛聚之地。

㉒山林蘙（yì）荟（huì），指草木长得很繁茂的山林地带。蘙荟，草木长得很茂盛。

㉓必谨复索之：必须谨慎、反复地搜索。复，反复。索，寻找、搜索。

【译文】

孙子说：凡是部署军队和观察敌情，都应该注意：通过山地时，要沿着低谷行进；安营扎寨时，要选择居高向阳之地；如果敌人占据了高地，千万不可仰攻，这些是在山地行军布阵的法则。横渡江河之后，应当驻扎在离江河稍远的地方；如果敌军渡河来战，不要在河中迎击，而要等它渡水渡到一半时予以攻击，这样最有利；要想同敌人决战，就不要在紧靠水边的地方迎击敌人；应当在居高向阳的地方安营，切勿迎着水流布阵或驻扎，这些是在江河地带行军布阵的法则。通过盐碱沼泽地带时，应当迅速离开，不可停留；若是在盐碱沼泽地带遭遇敌人，务必使军队靠近水草而背倚树林，这些是在盐碱沼泽地带行军布阵的法则。在开阔的平原地带驻军，要选择地势平坦的地方，最好背靠高处，造成前低后高的态势，这些是在平原地带行军布阵的法则。以上四种行军布阵法则带来的好处，是黄帝能战胜“四帝”的原因所在。

凡是驻军，总是喜欢高地而厌恶低洼的地方；总是看重干燥向阳的地方而轻视阴冷潮湿的地方；最好是驻扎在物产丰富、便于生活的地方，将士们才不会生出各种疾病，这是军队必胜的重要保证。在丘陵、堤防地带，必须驻扎在向阳的一面，而且要背靠着它。这些都是对行军布阵

● 凡军好高而恶下

军队驻扎，要选择居高向阳的地方。行军、驻军都要讲求自然条件的选择，这样才能有助于顺利前进。

行军驻军自然环境选择

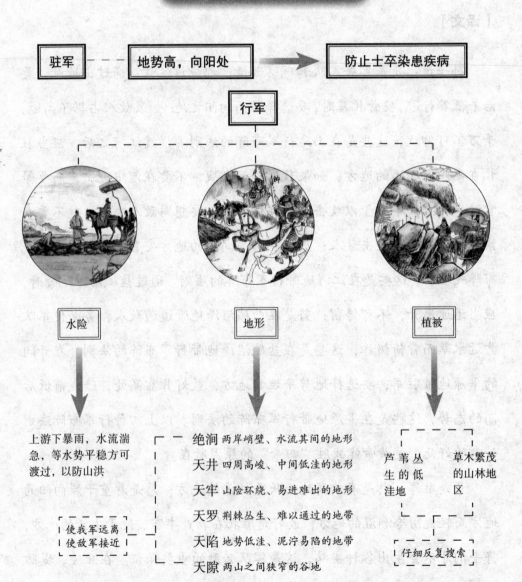

驻军 —— 地势高，向阳处 → 防止士卒染患疾病

行军

水险

上游下暴雨，水流湍急，等水势平稳方可渡过，以防山洪

使我军远离
使敌军接近

地形

- 绝涧 两岸峭壁、水流其间的地形
- 天井 四周高峻、中间低洼的地形
- 天牢 山险环绕、易进难出的地形
- 天罗 荆棘丛生、难以通过的地带
- 天陷 地势低洼、泥泞易陷的地带
- 天隙 两山之间狭窄的谷地

植被

芦苇丛生的低洼地

草木繁茂的山林地区

仔细反复搜索

有利的措施，是地形地势对军队的辅助。河流上游下雨涨水，水沫漂来，洪水将至，若想涉水渡河，一定要等到水势平稳以后再渡，以防山洪暴至。

凡是遇上“绝涧”“天井”“天牢”“天罗”“天陷”“天隙”这些地形，必须迅速离开，不要靠近。我军要远离它，而让敌军接近它；我军要面向它，而让敌军背靠它。行军过程中遇到险阻、积水低洼之地、水草丛聚之地、山林茂密以及草木繁盛的地方，必须谨慎地、反复地搜索，因为这些区域都是敌人容易设下伏兵和隐藏奸细的地方。

【原文】

敌近而静者，恃其险也；远而挑战者，欲人之进也；其所居易者，利也[①]。众树动者，来也；众草多障者，疑也[②]；鸟起者，伏也；兽骇者，覆也[③]。尘高而锐者，车来也；卑而广者，徒来也[④]；散而条达者[⑤]，樵采也；少而往来者，营军也[⑥]。辞卑而益备者[⑦]，进也；辞强而进驱者，退也[⑧]；轻车先出居其侧者，陈也；无约而请和者，谋也；奔走而陈兵车者，期也[⑨]；半进半退者，诱也。杖而立者[⑩]，饥也；汲而先饮者，渴也；见利而不进者，劳也。鸟集者，虚也；夜呼者，恐也；军扰者，将不重也；旌旗动者，乱也；吏怒者，倦也；粟马肉食[⑪]，军无悬甀[⑫]，不返其舍者，穷寇也。谆谆翕翕[⑬]，徐与人言者，失众也；数赏者，窘也[⑭]；数罚者，困也[⑮]；先暴而后畏其众者，不精之至也[⑯]；来委谢者，欲休息也[⑰]。

兵怒而相迎，久而不合，又不相去，必谨察之。兵非益多也[⑱]，惟无武进[⑲]，足以并力、料敌、取人而已[⑳]；夫惟无虑而易敌者[㉑]，必擒于人。

卒未亲附而罚之则不服[㉒]，不服则难用也；卒已亲附而罚不行，则不可用也。故令之以文，齐之以武[23]，是谓必取[24]。令素行以教其民[25]，则民服；令不素行以教其民，则民不服。令素行者，与众相得也[26]。

【注释】

①其所居易者，利也：指敌军之所以不扼守险要而驻扎在平地上，一定有它的好处和用意。

②众草多障者，疑也：在杂草丛生的地方设有许多遮障物，这是敌人企图迷惑我。

③兽骇者，覆也：野兽受惊奔窜，这是敌军大举来袭。覆，覆盖。

④徒：步兵。

⑤散而条达者，樵采也：飞尘分散而细长，时断时续。这是敌人在砍薪伐柴。条达，指飞尘分散断续的样子。

⑥营军：准备设营的敌军。

⑦辞卑而益备：指敌人派来的使者言词谦卑，暗中却加紧备战。辞，同“词”，言词。

⑧辞强而进驱者，退也：敌人派来的使者言辞强硬，并摆出进逼的姿态，这往往是撤退的征兆。

⑨期：期求，这里指期求与我军交战。

⑩杖而立：倚仗手中兵器而站立。杖，扶、依仗。

⑪粟马肉食：指敌军用粮食喂战马，杀牲口吃。

⑫军无悬缻（fou）：指军队收拾炊具。缻，同“缶”，汲水用的瓦罐，泛指炊具。

⑬谆谆翕翕（xī）：士卒聚在一起低声议论。谆谆，叮咛。翕翕，聚合。

⑭数赏者，窘也：敌军一再犒赏士卒，这往往说明敌人已经没有办法了。

⑮数罚者，困也：敌军一再处罚士卒，这往往说明其已经陷入困境。

⑯先暴而后畏其众者，不精之至也：将帅先对士卒凶暴，后来又惧怕士卒，这太不精明了。精，精明。

⑰来委谢者，欲休息也：敌方托词派使者来谈判，是想休战。委谢，指敌方托词派使者来谈判。委，托、借。谢，告、语。休息，这里指休兵息战。

⑱兵非益多：兵力不是越多越好。

⑲惟无武进：只是不要恃武冒进。武进，恃勇轻进，即冒进。

⑳足以并力、料敌、取人而已：指能做到集中兵力、正确判断敌情、争取人心以便使部下全心效力就可以了。并力，合力，这里指集中兵力。料敌，分析判断敌情。取人，善于争取人心。

㉑无虑而易敌：没有深谋远虑而又轻敌妄动。易，轻视。

㉒亲附：亲近依附。

㉓令之以文，齐之以武：指用政治、道义来教育士卒，用军纪、军法来约束管理士卒。文，这里指政治、道义。武，这里指军纪、军法。

㉔必取：必胜。取，取胜。

㉕素行：平素认真施行。素，平素、一贯。民：这里指士卒。

㉖令素行者，与众相得也：指军令平素能够顺利执行的，是因为军队统帅同兵卒之间相处融洽、相互信任。相得，相投合，即相互信任。得，亲和。

【译文】

敌军离我很近而仍保持镇静的，这是仗着它占据了险要的地形；敌军离我很远而前来挑战的，是想引诱我进入圈套；敌军之所以（不扼守险要而）居于平地，一定是因为有利可图。林中树木摇动，一定是敌军正向我袭来；草丛中多设遮蔽物，一定是敌人布下疑阵想迷惑我；鸟儿惊起，是因为下面设有伏兵；野兽受惊奔逃，是因为敌军大举来袭。飞尘又高又尖，这是敌人的战车驰来；飞尘低而宽广，这是敌人的步兵向我开来；飞尘断续分散，这是敌人在砍柴（并拖往营中）；飞尘稀薄而时起时落，这是敌人正准备安营扎寨。敌方使者言词谦卑而暗中加紧战备的，是要向我发起进攻；敌方使者言辞强硬而敌军又向我驱驰进逼的，是在准备撤退；敌人先出动轻型战车并且部署在侧翼的，是在布列阵势；敌人没有事先约定就突然来请和的，其中必定有阴谋；敌人（频繁调动）往来奔走，并且已经摆开兵车列阵的，是想要与我军交战；敌军半进半退（往复徘徊）的，是想要引诱我军上前。敌兵倚仗手中的兵器才能站立的，是因为饥饿；敌兵从井中打上水就争相饮用的，是因为（缺水）干渴；敌人见到利益而不进兵的，是因为疲劳过度。敌营上有飞鸟停集的，说明已是空营；敌营夜间有人惊呼叫喊的，说明其心中恐惧；敌营惊扰纷乱的，说明敌将没有威严；敌营旌旗胡乱摇动的，说明其队伍已经混乱；敌人官吏急躁易怒的，说明其已经疲倦；敌人用粮食喂马，杀牲口吃，收拾炊具，部队不返回其营寨的，是准备拼死一搏。士卒聚在一起低声议论，敌将低声下气同部下讲话的，是已经失去人心；敌将一再犒赏部属的，说明已经无计可施；敌将一再惩罚部属的，说明已经陷入困境；将帅先对士卒暴虐而后又畏惧士卒的，说明他极不精明了；敌人托词派使者来请求谈判的，是想休兵息战。

敌军盛怒而与我对阵，却久不交战，又不离去，必须谨慎地观察它的意图。兵力并非越多越好，只要不轻敌冒进，并能集中兵力，判明敌情，得到部下的信任和全心效力，也就足够了。只有那些不懂得深思熟虑而又狂妄轻敌的人，才必然会成为敌人的俘虏。

士卒还没有亲附自己就贸然处罚他们，那他们就不会真心顺服；不真心顺服，就难以使用他们去打仗了。士卒对自己已经亲近依附，但仍不执行军纪军法，这样也不能使用他们去打仗。所以，要用“文”的手段来教育士卒，用“武”的方法来管理士卒，这样，军队打起仗来必能取胜。平素能严格贯彻命令、教育士卒，士卒就会养成服从的习惯；平素不能严格贯彻命令、教育士卒，士卒就会养成不服从的习惯。平素的命令能顺利贯彻执行，这是将帅与士卒之间关系融洽（相互取得了信任）的缘故。

实用谋略

王坚坚守钓鱼城

《行军篇》中介绍了在江河地带行军作战的方略。南宋末年王坚挫败蒙古大军的故事，就是这一方略的成功运用。

元定宗贵由死后，蒙哥继位做了蒙古大汗，是为元宪宗。蒙哥汗采取迂回的策略，绕道西南，向南宋发起进攻。他亲率西路主力四万人马，经六盘山进入四川，苦战一年之后，抵达钓鱼城(今四川合县)下。

钓鱼城地处嘉陵江、涪江、渠江的汇合处，四周被刀削斧凿般的悬崖绝壁所包围，可谓是“一夫当关，万夫莫开”。蒙哥汗企图拿下钓鱼城，从而进军重庆，与蒙古南路军会师，然后就可以直取南宋首都临安。因此，钓鱼城成为两军必争之地。

镇守钓鱼城的将领为王坚，他早在蒙哥汗到达之前，就命人储备了足够的粮食，并开凿了水源。当时山城中有百姓约十万人，守城将士也有一万余人。蒙哥汗向钓鱼城发起一次又一次的猛攻。王坚率全城军民据险而战，奋勇杀敌，将敌人的攻势尽数挡了回去。数月过后，蒙古军死伤惨重，但始终无法攻克钓鱼城。

一天，王坚命令守军将两条十五斤重的鲜鱼以及百余张蒸面饼抛入城外蒙古军的营地，并投书蒙古军，称即使再攻十年，钓鱼城也能岿然不动。

当时正值酷暑季节，蒙古人本来就畏暑恶湿，加上水土不服，导致军中暑热、疟疾、霍乱等疾病横行，疫情相当严重。蒙哥汗眼见屯兵已久却攻不下钓鱼城，心如火燎。为了观察城内虚实，蒙哥汗命令士兵在钓鱼城前建起了一座高高的望台。

王坚发现蒙哥汗亲自在城下督建望台，心中大喜，立即吩咐将士准备炮石轰击望台。蒙哥汗不知王坚的计划，望台刚一建好，就连忙登上台顶。王坚等的就是这个机会，命令士兵立刻发炮，摧毁望台。蒙哥汗被飞石击成重伤，不久死去，蒙古军队只能黯然撤离。

王坚充分利用钓鱼城临江，且四面环山的有利地形，不仅成功守住了城池，还直接打死了敌军首领，堪称经典的防御战例。

沙苑、渭曲之战

《孙子兵法·行军篇》说："兵非益多也，惟无武进，足以并力、料敌、取人而已；夫惟无虑而易敌，必擒于人。"沙苑、渭曲之战中，西魏军的大胜和东魏军的惨败证明，孙子所说的处军、相敌原则，对于战争的胜败有着重大意义。

公元420年，东晋大将刘裕代恭帝而立，国号宋，史称刘宋。刘宋政权据有黄河以南大部分地区，黄河以北地区则为鲜卑族拓跋氏建立的北魏政权所占据。公元534年，北魏分裂为东魏和西魏两个政权（东魏以邺城为都，西魏则以长安为都）。

北魏分裂后，东魏和西魏之间曾发生过多次战争，沙苑、渭曲之战便是其中一次具有关键意义的战役。在这次战役中，东魏出动了二十万大军，西魏则以七千精骑迎战。尽管强弱悬殊，但由于西魏统帅宇文泰在"处军相敌"方面胜出东魏统帅高欢一筹，因而西魏军最终能以弱胜强，打败了强大的东魏军队。

沙苑、渭曲之战的过程是怎样的呢？下面就具体了解一下。

北魏分裂之后，东魏仗着地广人多以及军事上占有相对优势，企图出兵占领西魏的战略要地潼关，但均被击退。公元537年八月，西魏宰相宇文泰亲自率军东进，攻占了东魏的军事要地恒农（在今河南三门峡市西）。东魏宰相高欢一面命大将高敖曹领兵三万夺回恒农，一面亲率主力二十万人，从太原、临汾南下，由蒲坂（今山西永济）西渡黄河，进袭关中，由此揭开了沙苑、渭曲之战的序幕。

战争开始时，宇文泰得到高欢西进的消息，便下令全力阻止敌军。他命大将王熊坚驻守华州（今陕西大荔），同时派人到各地征调兵马，并从恒农抽调近万人驰援关中。高敖曹趁势包围了恒农。高欢率领大军渡过黄河后，立即向华州城发起总攻。然而，华州城防坚固，短时间内难以攻克，高欢无奈之下，只好命令军队在华州北面的许原驻扎下来。

宇文泰回到渭南后，本想立即进攻高欢。但是对此众将均表示反对，认为各地征调来的兵马还在途中，目前敌我兵力相差悬殊，暂时不宜出击。宇文泰则认为：东魏军首攻华州不下，便屯兵于许原观望，说明军队人数虽多，但战斗力不强，因此应该趁其立足未稳，不熟悉地形之际，打他们一个措手不及；东魏军队若是站稳脚跟，就会继续西进，逼近长安，到那时人心动摇，形势将对西魏更为不利。宇文泰的一番分析让众将心服口服，于是西魏军开始做战斗准备。

九月底，西魏军在渭水之上搭建了浮桥，宇文泰亲率轻骑七千，北渡渭水。十月一日，西魏军在距东魏军六十里处的沙苑驻扎了下来。

到达沙苑后，宇文泰立即派士卒乔装成许原一带的居民，潜到东魏兵营附近侦察敌情。经过一番侦察，宇文泰证实了自己的判断：敌军人数多于己方，但战斗力不强，而且骄傲轻敌。此时，宇文泰部将李弼建议利用这里沙丘起伏、沼泽纵横、芦苇丛生的地形，预先设下埋伏，张开口袋，然后诱敌深入，一举消灭敌人。而宇文泰此次出征，只准备了三天的粮食，他正想采用奇计以求速战速决，李弼这一建议正中他下怀，于是欣然采纳。

高欢听说西魏军已推进至沙苑，他求胜心切，还没有做好具体部署，便决定亲率大军出城与西魏军决战。高欢出发后，宇文泰依照先前计划，把军队埋伏在渭曲，并约定击鼓为号，然后发起总攻。东魏军行至渭曲附近时，大将斛律羌举见到渭曲地形复杂，不利野战，便向高欢建议留下部分兵力在沙苑与宇文泰相对峙，另以精兵向西进攻长安。高欢却急于与东魏军决战，拒绝采纳这一明智建议。

高欢准备焚烧芦苇，火攻西魏军，又遭部将侯景、彭乐的反对。他们认为己方的兵力占压倒性优势，根本不用担心宇文泰偷袭；况且只有活捉了宇文泰，才能摧毁西魏军队的战斗意志，到时长安便不攻自破了。高欢觉得部将的话很有道理，便决定放弃火攻，下令挥军进入沼泽，活捉宇文泰。

东魏军人数众多，深入沼泽地后便不成队形，陷入混乱。宇文泰等东魏军进入伏击圈后，命令士卒擂鼓呐喊。西魏军从左右两翼猛烈冲击东魏军，很快将其截为数段。东魏军本来就难以发挥兵力优势，这时一看中了埋伏，更加惊慌失措了，只想着赶紧逃出沼泽地带。西魏军趁势奋力拼杀，斩杀六千余人，俘敌八万。

东魏军大败溃散，高欢在部将的掩护下仓皇逃至蒲津，渡河东撤而去。西魏取得了沙苑、渭曲之战的全面胜利。

东、西魏之间曾发生过多次战争，沙苑、渭曲之战并不算大型战役，但我们仍可以从中得到很多启示。《行军篇》中提到，处军的关键在于选择于己有利而于敌不利的地形，并能在此基础上布置好军队；相敌的关键在于正确地分析判断敌情，能透过敌军活动的现象看穿其本质。从沙苑、渭曲之战的全过程可以看出，宇文泰在军事部署及“处军相敌”方面均深得兵法要领。

战役一开始，宇文泰就没有被东魏的兵势吓倒，还通过华州一役看透了东魏军的弱点，制订了伏击歼敌的计划：战前派人乔装侦察，摸清了敌人的基本情况，成功地将敌人引至事先布好的伏击圈中，最后一举击败敌军。

而东魏的失败，一方面是由于骄傲轻敌；另一方面，高欢及部将明知地形复杂，易遭伏击，却仍旧恃众贸然轻进，违背了孙子所说的处军、相敌原则，从而导致了东魏的惨败。

郭威治军“齐之以武”

孙子在治军方面提出了“令之以文，齐之以武”的原则，并要求赏罚适时适度。郭威治军的故事，就是一个很好的例子。

五代十国时期，后汉发生了李守贞、赵思绾、王景崇为首的“三镇之乱”，朝廷派大将郭威率兵前去征讨。

出征前，郭威向太师冯道请教治军之策，冯道说：“李守贞是一员老将，他所依靠的，是将士同心。若是你能重赏将士，必定能打败他。”郭威听罢，连连点头。

李守贞盘踞于河中城（今山西永济市蒲州镇）外，郭威率军到达城外，切断城内与外界的联系，准备以长期围困的方法来逼迫李守贞投降。

郭威牢记冯道的教诲，部下有功即赏，将士受伤患病即去探望，即使犯了错误也不加严惩。时间一长，尽管郭威赢得了军心，但是军队里的姑息养奸之风也蔓延开来。

李守贞陷入重围后，几次想派人向西突围，去找赵思绾联络，但都被郭威击退回来。后来，李守贞听说了郭威治军的情况，便派一批精干的将士秘密潜出河中城，扮作平民百姓，在郭威驻军营地附近开设了数家酒店。这些酒店不仅价格低廉，而且可以赊账。

既有这等美事，郭威手下的士卒们自然经常结伴前去喝酒，还喝得酩酊大醉，将领们对此也不加约束。李守贞见计策奏效，遂派部将王继勋率千余精兵乘夜偷偷潜入河西后汉军营，发动突袭。后汉军毫无戒备，被杀得四处溃逃。

郭威知道后，急忙调派人手增援，但将士们只是你看看我，我看看你，竟无人敢奋勇向前。危急中，裨将李韬舍命冲出，众将士这才鼓足勇气，跟了上去。王继勋兵力不足，又无后援，功亏一篑，只能退回河中城。

这次突袭给郭威敲响了警钟，军纪松弛所造成的危害令他不寒而栗，于是下令："若非犒赏宴饮，所有将士一律不得私自饮酒，违者军法论处。"谁知军令颁布的第二天清早，郭威爱将李审就违反了军令。李审是郭威的爱将，郭威听说后，又气又恨，尽管心有不忍，但是思量再三，还是令人将李审推出营门斩首示众，以正军法。

将士们见郭威连爱将李审都杀掉了，这才收敛了放纵之心。从此，后汉军纪严明，万众一心。没过多久，郭威便向河中城发起攻击，一举平定了李守贞，又趁势击败了赵思绾和王景崇，最终平定了"三镇之乱"。

郭威在治军初期以优厚的赏赐来聚拢人心，让士兵归顺依附；后来又及时醒悟，以严厉的军纪约束将士，甚至不惜杀死爱将来树立威严，因此最终平定了“三镇之乱”。

商业案例

瘟疫里蕴藏的商机

中国有句流传千百年的农谚：“月晕而风，础润而雨。”意思是：月亮周围有大圆环，这是刮风的征兆；垫在房屋柱下的石头湿润了，这是天要下雨的征兆。由此可见，尽管“月晕”“础润”微不足道，但其蕴含的自然规律对人类而言是至关重要的。人类社会的许多现象也有规律可循，只要我们认真观察并总结经验，就一定能透过现象抓住本质。

在企业经营中，一句话、一条消息、一张照片就能使企业增加百万收入，也可能使拥有百万巨资的企业倒闭。其成败关键在于经营者是否有心，是否慎言“微不足道”。

1875 年初春的一个上午，美国亚默尔肉类加工公司的老板菲力普·亚默尔像往常一样，正在细心阅读当天的报纸，一条简短的消息吸引住了他的注意力。这条消息只有一百多字，讲的是墨西哥最近发现了疑似瘟疫的病例。

就是这条不起眼的消息，却让亚默尔像发现了新大陆一样。亚默尔马上意识到，一旦墨西哥真的发生了瘟疫，就会传到美国与墨西哥接壤的加利福尼亚州或德克萨斯州。加州和德州是美国主要的肉类供应基地，如果当地发生瘟疫，那么全美的肉类供应肯定会紧张起来，肉价自然也会随之猛涨。

事后，亚默尔开始进行全方位的分析，并着手研究相应的对策。当天，他就派家庭医生亨利赶到墨西哥进行实地调查。几天后，亨利从墨西哥发回电报，证实当地确实发生了瘟疫，而且疫情严重，蔓延得非常迅速，已经到了难以控制的地步。

亚默尔接到电报后，立刻集中全部资金收购加州和德州的肉牛和生猪，并将其迅速转运至离加州和德州较远的东部地区进行饲养。

不出亚默尔所料，墨西哥境内的瘟疫在两三个星期内就蔓延到了美国西部的几个州。美国政府下令：严禁一切牲畜从这几个州外运，以防疫情蔓延。

肉类供应基地的产品禁止外运，美国国内顿时肉类奇缺，价格随之暴涨。亚默尔趁机把先前囤积在东部的肉牛和生猪高价抛售，在短短的几个月内净赚了 900 万美元。要知道，当时的 900 万美元比现在的几亿美元还多。就这样，一条简短的新闻成就了一笔巨大利润。

亚墨尔独具慧眼，从瘟疫即将流行的征兆中，预测到可能出现的商机，充分把握住了瘟疫蔓延所带来的机遇，进而大赚了一笔。

【点评】

《行军篇》里所论述的内容可以扼要地归纳为三点：处军、相敌和治军。“处军”是指在各种地形条件下，对于军队行军、作战、驻扎等问题的处置方法；“相敌”是指观察和判断敌情；“治军”

就是对于军队的治理。

在孙子所处的时代，并没有精密的观测仪器和数据统计手段作为辅助，《行军篇》中的“相敌”三十二法，是白昼时直接用视力在阵地前沿进行敌情观测的方法总结，这些方法虽然原始，却具体而生动。孙子能见微知著，看到事物的本质，着实令人佩服。

在两军对垒时，有些将领和孙子一样明察秋毫，能从一些微不足道的现象中，通过逻辑推理，判断出对方的动态和战争的走向。有些将领却对这些现象视而不见，以致错失良机招致惨败。为什么会出现这种情况呢？这里面自然有经验丰富与否的因素，但更重要的是将领在察微知著这一重要素质上存在着很大的差异。

察微知著，需要丰富的经验、通透的洞悉力和判断力，还需要谨慎又大胆的推理。“察微知著”中，关键在于“知”。能透过“微”看到“著”，是一个成功人士必备的能力。

生活中亦是如此。注重生活中的细节，或许会发现重大的内涵和意义。牛顿关于苹果与地心引力的故事，我们都耳熟能详。我们不一定要成为牛顿那样伟大的科学家，但是细心观察生活，发现生活之美，不也能给生活增添乐趣和价值吗？

讲究“文武”之道，凡事以身作则。如果我们能在生活中努力做到这两点，一方面可以使自己做事情更有效率；另一方面可以团结激励身边的人，最大限度地发挥团体的力量。

地形篇

【导读】

本篇主要论述“地有六形”与“兵有六败”，即分析了六种不同的作战地形及相应的用兵原则，指出了胜败的关键在于将帅的优劣和士兵的强弱，强调将帅要重视对地形的研究和利用，对于失利，将帅应负起主要责任。并在篇末点出，只有知己知彼、知天知地，才能全胜、久胜。

【原文】

孙子曰：地形有通者①，有挂者②，有支者③，有隘者④，有险者⑤，有远者⑥。我可以往，彼可以来，曰通；通形者，先居高阳，利粮道，以战则利。可以往，难以返，曰挂；挂形者，敌无备，出而胜之；敌若有备，出而不胜，难以返，不利。我出而不利，彼出而不利，曰支；支形者，敌虽利我，我无出也；引而去之⑦，令敌半出而击之，利。隘形者，我先居之，必盈之以待敌⑧；若敌先居之，盈而勿从，不盈而从之。险形者，我先居之，必居高阳以待敌；若敌先居之，引而去之，勿从也。远形者，势均，难以挑战，战而不利。凡此六者，地之道也⑨；将之至任，不可不察也。

故兵有走者⑩，有弛者⑪，有陷者⑫，有崩者⑬，有乱者，有北者。凡此六者，非天之灾，将之过也。夫势均，以一击十，曰走。卒强吏弱，曰驰。吏强卒弱，曰陷。大吏怒而不服⑭，遇敌怼而自战⑮，将不知其能，曰崩。将弱不严，教道不明⑯，吏卒无常⑰，陈兵纵横⑱，曰乱。将不能料敌，以少合众，以弱击强，兵无选锋⑲，曰北。凡此六者，败之道也；将之至任，不可不察也。

【注释】

①通者：这里指广阔平坦，四通八达，我可以去，敌人也可以来的地区。通，通达。

②挂者：这里指前平后险、易入难出的地区。挂，悬挂、牵碍。

③支者：这里指敌对双方皆可据险对峙，不易发动进攻的地区。支，支撑、支持。

④隘者：狭窄之地，这里指两山之间狭窄的通谷。

⑤险者：险要之地。

⑥远者：这里指敌我相距很远。

⑦引：引导、率领。

⑧必盈之以待敌：一定要动用充足的兵力堵住隘口，以对付来犯的敌军。盈，满、充足。

⑨地之道：关于利用地形的原则。

⑩兵：这里指败兵。

⑪驰：涣散、松懈，这里指将官软弱无能、队伍涣散。

⑫陷：陷没，这里指虽然将官勇猛顽强，但士卒没有战斗力，导致将官孤身奋战，力不能支，最终陷于失败。

⑬崩：土崩瓦解，比喻溃败。

⑭大吏怒而不服：小将（部将）怨怒，不服从指挥。

⑮怼（duì）：怨恨。

⑯教道：指对部下的训练、教育。

⑰常：指常法，法纪。

⑱陈：同“阵”。

⑲选锋：挑选勇敢善战的士卒组成的精锐部队。

【译文】

孙子说：地形可分为通、挂、支、隘、险、远六种。凡是我军可以去，敌军可以来的，叫作“通”。在“通”这种地形条件下作战，应该抢先占领地势高而向阳的地方，并保证粮草运输畅通无阻，这样作战就有利。凡是可以前往，但难以回退的，叫作“挂”。在“挂”这种地形条件下作战，如果敌人没有防备，就可以突然出击从而战胜它；如果敌人已经有了防备，出击了却不能取胜，而又难以退回，这样对我军就会很不利。我军出击不利，敌军出击也不利的地形，叫作“支”。在支这种地形条件下作战，即使敌人以利益来引诱我，我也不能出击，最好是佯装引军撤退，诱使敌人出击，待它出动到一半的时候，我军突然发起攻击，这样就会对我军有利。在“隘”这种地形条件下作战，我军若能抢先占领，就要用重兵封锁隘口，等待敌人的到来。如果敌人已经抢先占领隘口，并用重兵防守，我军就不要去攻打；如果敌人没有用重兵封锁隘口，就迅速攻取它。在“险”这种地形条件下作战，若是我抢先将其占领，那就必须控制那些地势高而向阳的地方，等待敌人的到来；若是敌人抢先将其占领，那就应该引军撤退，不要去进攻。在“远”这种地形条件下作战，敌我双方势均力敌，不宜挑战；若是勉强求战，会对我军产生不利影响。以上六点，均是利用地形作战的原则，是将帅的重要责任之所在，不可不认真考察研究。

导致军队作战失败的情况可以分为走、弛、陷、崩、乱、北六种。凡是属于这六种情况的，都不是上天降下的灾祸，而是由于将帅的过失造成的。在敌我双方势均力敌的情况下，以一击十（而导致失败）的，叫作“走”。士卒强悍、将官懦弱（而导致失败）的，叫作“弛”。将官强悍、士卒懦弱（而导致失败）的，叫作“陷”。部将对主将有所怨怒，不服从指挥，遇到敌人意气用事，擅自出战，主将不了解他的能力（而导致失败）的，叫作“崩”。主将软弱缺乏威严，训练教育军队方法不得当，官兵都不守规矩，布阵列兵杂乱无章（而导致失败）的，叫作“乱”。主将不能正确判断敌情，以少击多，以弱攻强，又没有精锐部队作为中坚力量（而导致失败）的，叫作“北”。以上六点，均是导致军队败亡的原因，是将帅的重要责任之所在，不可不认真考察研究。

凡此六者，败之道也

导致军队失败的有六种情况，需要多加注意，不要因人为因素而导致功败垂成。

六种导致失败的人为因素

走

敌我实力相当，派兵去打十倍于己的敌军而失败

崩

将领不服从命令，遇敌莽撞迎战，主将又不了解其情况，无法加以指挥而失败

驰

士卒强悍，将官懦弱，以致军队散漫而失败

乱

主将懦弱，缺乏威信且训教不明，使士卒无所遵循而失败

陷

将官强势，士卒懦弱，以致军队畏缩而失败

北

主将不能正确估计敌情，以少击多，以弱击强，且没有精锐部队而失败

凡此六者
败之道也

名家论《孙子兵法》

除了武装，决定战术的另一个重要因素，就是地形。有什么武装，就有使用这种武器的战术；在什么地方打仗，也有最适于这个特殊地方的打法。武器是各式各样的，地形是各式各样的，战术也是各式各样的。

——李零

【原文】

夫地形者，兵之助也。料敌制胜，计险阨远近[1]，上将之道也[2]。知此而用战者必胜，不知此而用战者必败。故战道必胜[3]，主曰无战，必战可也；战道不胜，主曰必战，无战可也。故进不求名，退不避罪，唯人是保[4]，而利合于主[5]，国之宝也。

视卒如婴儿，故可与之赴深谿[6]；视卒如爱子，故可与之俱死。厚而不能使[7]，爱而不能令[8]，乱而不能治，譬若骄子，不可用也[9]。

知吾卒之可以击，而不知敌之不可击，胜之半也；知敌之可击，而不知吾卒之不可以击，胜之半也；知敌之可击，知吾卒之可以击，而不知地形之不可以战，胜之半也。故知兵者[10]，动而不迷，举而不穷[11]。故曰：知彼知己，胜乃不殆；知天知地，胜乃不穷。

【注释】

①险阨（è）：这里是指地势的险易情况。阨：通“厄”，险要之处。

②上将：这里指主将。

③战道：指战场实情。

④唯人是保：指对个人的处境毫不在意，只求保全民众和士卒。人，指士卒、民众。

⑤利合于主：符合国君的利益。主，指国君。

⑥深谿：极深的溪涧，这里比喻危险地带。谿，同“溪”。

⑦厚：厚养、优待。

⑧爱而不能令：对士卒只知溺爱而不能令使。爱，溺爱。令，令使、使用。

⑨譬若骄子，不可用也：此句指为将者，仅施仁爱而不济以威严，只会使士卒成为骄子而不能使用。

⑩知兵者：指真正懂得用兵的将帅。

⑪举而不穷：变化无穷使敌人难以捉摸。举，措施。

【译文】

地形是用兵打仗取得胜利的辅助条件。正确判断敌情，掌握制胜的主动权，研究地形的险易，计算道路的远近，这些都是高明的将帅能够取胜的方法。掌握了这些方法而应用于指挥作战的必定能够胜利，不掌握这些方法而去指挥作战的必定会失败。所以，如果根据战场实情进行分析，有着必胜把握的，即使国君主张不要打，坚决去打也是可以的；如果根据战场实情进行分析，没有必胜把握的，即使国君主张一定要打，不打也是可以的。进不谋求战胜的功名，退不回避违抗君命的罪责，只求使民众和士卒得以保全，行动符合国君的利益，这样的将帅才算是国家的宝贵财富。

将帅对待士卒如同爱护婴儿，那么士卒就会与他共赴艰险；将帅对待士卒如同爱护自己的儿子，那么士卒就会与他同生共死。对士卒过分宽厚就无法使用他们，过分溺爱就无法命令他们，管理混乱松懈就无法约束治理他们。这样的军队就好像娇生惯养的孩子，是不能用来打仗的。

只了解自己的军队有能力去攻击敌人，而不了解敌人不可以攻击，取胜的可能性只有一半；只了解敌人能够被击败，而不了解（时机尚未成熟）自己的军队还不宜去攻击敌人，取胜的可能性也只有一半；

知道敌人能够被击败，并且知道（时机已经成熟）我军可以前去攻打它，但不了解地形条件不利于作战，取胜的可能性仍然只有一半。所以，真正懂得用兵的将帅，行动时不会迷惑，采取的战略战术变化无穷。所以说：了解敌人，了解自己，就能常胜不败；了解天时，了解地利，胜利就可以永无穷尽。

实用谋略

郭进拒辽军

在《地形篇》中，孙子论述了利用地形的重要性，他说："地形者，兵之助也。"可见较好地利用地形，可以帮助我方赢得主动。郭进拒辽军的战例，就是对孙子这一思想的成功实践。

公元979年，宋太宗赵光义在统一南方之后，开始准备讨伐十国中最后一个割据政权——北汉。

宋太宗命潘美为北路都讨使，进攻太原，自己随军亲征。北汉是辽国的属臣，宋朝一旦兴兵伐汉，辽国很可能派兵救援。为了堵截辽国的援兵，宋太宗又命将军郭进率军在石岭关驻守。

果然不出所料，辽景帝听到宋朝北伐的消息后，先是派宰相耶律沙和冀王塔尔火速前去解围，又派南院大王耶律斜轸率其部属前去援救。当耶律沙进至石岭关附近的白马岭时，宋军已经抢先占据了白马岭的高地险隘。

在此之前，当地连下了几场暴雨，这使得原先并不深的山涧水势猛涨，已经可以到达人的腰部了。面对湍急的涧水和把守着高地隘口的宋军，耶律沙没有冒进，而是在这里安营扎寨，等待后续部队到来，然后再相机行事。塔尔则耻笑耶律沙胆小怕死，执意要率领先头部队渡涧。耶律沙劝道："目前宋军抢先占据了有利地形，我军贸然渡涧，恐怕凶多吉少，还是小心为妙！"塔尔却说："北汉现如今危在旦夕，再这样拖拖拉拉，只怕会贻误战机，到时想救他们也救不了了。"于是下令渡涧。

看到塔尔正率领辽军渡涧，守卫在白马岭上的宋军立刻摇旗呐喊，击鼓助威，但是并没有出击。塔尔观察了一会儿，发现不见动静，认为宋军是在虚张声势，便放心大胆地向对岸前进。

郭进耐心等待，直到塔尔的先头部队渡过山涧大半之后，才将令旗一挥，命令守在隘口的士兵放箭。霎时间，乱箭如蝗，正在渡水的辽兵纷纷中箭倒下，然后被湍急的涧水冲走了。侥幸登上对岸的士兵则被疾驰而至的宋军骑兵砍翻在涧边。塔尔和他的儿子以及五名将领都被乱箭射死在山涧中。这时，南院大王耶律斜轸及时赶到，下令辽军全线撤退，这才避免了辽军的更大伤亡。

经此一役，郭进成功地将辽军阻截在石岭关。宋太宗则率领大军从容地向太原发起进攻。北汉主刘继元无力与宋军相抗衡，又久盼辽军不至，只得开城向宋太宗投降。

宋军在战争中抢先占据有利地形，以逸待劳，居高临下，等辽军渡涧时突然发起袭击；而在宋军抢先占据高地险隘的不利情况下，辽军主帅不但没有谨慎应对，反而贸然进攻，结果落得个惨败身死的下场。

东晋灭南燕之战

淝水之战后，前秦很快灭亡，北方暂时统一的局面被打破，先后建立起十几个割据政权，它们互相争斗，混战不休。其中比较强大的政权是北魏，与东晋接壤的是南燕和后秦，南燕的建立者为鲜卑族慕容德。

东晋在淝水之战后接连收复了徐、兖、青、豫、梁等州（今山东、江苏、河南、陕南地区）。然而，没过多久，东晋发生内乱，这些地区落入了南燕和后秦手中。

东晋大将刘裕本是平民出身，后来在战争中崭露头角，逐步掌握了东晋的军政大权。刘裕当权后，一方面排除异己，扩充自己的势力；一方面轻徭薄赋，缓和社会矛盾。同时，他打着恢复中原的旗号，加紧训练军队，积极准备北伐。这些措施的施行，巩固了刘裕的地位，也增强了东晋的经济和军事实力，为北伐创造了条件。

南燕是刘裕进攻的第一个目标。在与南燕的战争中，刘裕准确判断敌情，慎重选择北伐路线，根据地形灵活变换战术，最终取得了北伐的胜利。

公元 409 年三月，南燕君主慕容超派将军慕容兴宗等人率骑兵袭占东晋的宿豫（今江苏宿迁），俘虏了阳平太守和济阴（今山东定陶西北）太守。随后慕容超又派将军公孙归攻陷济南，俘虏了太守及百姓千余人。

为了争取广大民众的支持，提高自己的威望，刘裕上表请求北伐南燕，以收复失地。刘裕的这一主张，只得到了少数人的支持，大多数朝臣均认为不可。刘裕便向他们作了一番分析，指出南燕的弱点：国土较小，政治腐败，没有长远的战略眼光。刘裕说服了皇帝，决定以水军、车兵、步兵、骑兵联合作战，并制定了沿途筑城、分兵留守、巩固后方、主力长趋北进的作战方针。

同年四月十一日，刘裕率领十万大军从建康出发，由水路过长江，自淮水至泗水前行，五月抵达下邳（今江苏沂北）。刘裕扔下航船辎重，率步兵向南燕境内的琅琊（在今山东临沂北）进发，并沿途筑建城堡，分兵留守，以防被南燕骑兵切断后路。

晋军到达琅琊之前，南燕早已得到消息，急忙将莒城（今山东莒县）、梁父（今山东泰安）的守军调走。晋军继续向前开进，打算从琅琊至广固（在今山东青州西北），然后直捣南燕都城。

当时，从琅琊到广固的路有三条：一是沿沂水北上，由琅琊经东莞（今山东莒县东莞镇），越过大岘山（在今山东沂水北），直捣临朐（今山东临朐）、广固，此乃捷径，水路运输比较方便；但大岘山极为险峻，山高七十余丈，周围二十多里，山上关口（今穆陵关）只能通过一辆战车，有“齐南天险”之称。二是向东北经莒城、东武（今山东诸城）入潍水北上，再折向西，进趋广固；此路迂远，劳师费时。三是向北越泗水经梁父，再转向东，逼近广固；这条路中山路太多，行军、运输均比较困难。

经过反复斟酌，刘裕决定走第一条线路。他的部将心中疑虑，说：

“如果南燕军仗着大岘山这道天险伏击我军，或者坚壁清野断绝我军的粮草，我军孤军深入，恐怕不仅无法灭燕，还将败无归路。”

面对疑问，刘裕胸有成竹地说：“之前，南燕曾利用其骑兵优势两次攻入东晋淮北地区，却只是掳掠人口、财物而没有攻城占地。”据此，刘裕判断：南燕首领是个没有深谋远虑的贪婪之辈，进则专思抢掠，退则吝惜禾苗。加上之前南燕弃守莒城、梁父等要地，刘裕坚信：南燕一定认为晋军孤军远征，难以持久，所以不准备在大岘山以南作战，而有意引诱晋军主力深入南燕腹地，然后以临朐、广固等坚城为依托，在平坦地区同晋作战，以便使自己的骑兵优势得到最大限度地发挥；因此他们进不会过临朐，退不会守广固，并且绝不会守险清野。听了这番分析，将士们坚定了北越大岘山、直捣南燕腹地同燕军作战的决心。

早先慕容超得知晋军北上的消息时，便召群臣商议对策。征虏将军公孙五楼提出了三条计策，他说：“晋军轻捷果敢，意在速战，我军不应与其正面交锋，而应扼守大岘，阻止敌军深入，用拖延时日的办法来挫其锐气；然后选精骑沿海南下，切断敌军粮道，另命兖州之兵沿着山路东下，腹背夹击，这是上策。命令各地郡守据险固守，坚壁清野，同时毁掉地里的庄稼，使晋军无法就地掠夺粮草，又求战不得，只需数月，晋军弹尽粮绝，自然会乖乖撤兵，我军就可以轻松获胜，这是中策。放纵敌人越过大岘山，出城正面迎战，这是下策。

如果采取上策，燕军就可以凭险固守，阻挡晋军深入南燕腹地；即使退却，也有利于发挥燕军骑兵的优势，进可攻，退可守，可以与东晋军队打持久战。中策虽然要损失一些粮食，但也能大量减少己方人员的伤亡。”

但慕容超拒绝采纳上策和中策，认为东晋远道而来，实为疲敝之师，不能久战。而自己据五州（徐州、并州、幽州、兖州、青州）之地，拥富庶之民，铁骑万群，麦禾布野，为什么要抢先拔除禾苗、迁徙民众，使自己蒙受损失呢？于是慕容超决定采纳下策。手下将领极力劝谏，希望他能回心转意，慕容超却一意孤行。桂林王兼太尉慕容镇退朝后叹息说：“陛下既不同意出大岘迎敌，又不准坚壁清野，放纵敌人深入我腹地，无异于坐以待毙，我们必将落个身死国灭的下场啊！”慕容超听说后，勃然大怒，立刻将慕容镇下狱。不久，他调回了莒城、梁父的守军，修筑广固城池，整顿兵马以待晋军。

六月十二日，晋军到达莒城，然后火速越过大岘山。眼见脱离险境，而燕军又未采取行动，刘裕总算松了一口气，对左右说：“现在我军已经越过了危险地带，深入敌人腹地，士卒们都会拼死作战；而这里的原野上长满了成熟的庄稼，我军再无缺粮之忧。可以说，敌人的命运尽在我的掌握之中。”

经过激烈的争夺，晋军夺取了水源城。水源临近临朐，刘裕开始布置军队，准备与南燕军争夺临朐。六月十八日，晋军主力抵达临朐城南附近，距城只有数里。慕容超突然出动主力骑兵万余夹击晋军。刘裕有针对性地在步兵的两翼布置了四千车兵，并以骑兵在车后机动，组成一个步、骑、车兵相互配合的阵势，有效地抵御了燕军骑兵对晋军步兵主力的冲击。双方激战半日，不分胜负。此时，刘裕的参军胡藩建议说，燕军全部出动，临朐此时守备必定空虚，正可出奇兵走偏僻小道去袭击临朐城。刘裕欣然应允，立即派兵奇袭临朐。临朐兵力薄弱，被晋军一举攻下。慕容超惊慌失措，单骑逃出，刘裕趁机率军猛攻，燕军大败，数十名南燕将军被斩杀，慕容超败回广固，晋军首战告捷。

临朐之战结束后，晋军乘胜连夜发起追击，直逼广固城下。广固城四周都是绝涧，短时间内难以攻取。刘裕命晋军修筑高达三丈的长墙和三重沟堑，打算长时间地围困敌军。刘裕招抚投降的燕军将士，选贤任能，以怀柔之策瓦解敌军军心；同时就地取粮，停止从后方运送粮草，从而使晋军处于更加有利的位置。

面对这一情形，慕容超并没有积极展开防御，而是派尚书张俊、韩范前往后秦搬取援兵，自己则消极等待，将希望都寄托在援兵身上。

后秦此时正和大夏激烈交战，根本无力出动大军救援南燕。九月，张俊、韩范不但未从后秦搬来救兵，反而先后降了刘裕。韩范素来受到南燕人敬重，刘裕便让他绕城宣示燕人降晋之事，燕军士气更加低落。此前，南燕将领张纲也降了东晋，此人善于制造攻城器具，于是晋军让他设计新的攻城器具。

次年二月，刘裕率军发起总攻，南燕尚书悦寿开门迎降。慕容超率领数十名骑兵突围逃走，后被晋军俘虏，被送至建康斩首。至此，这场战争以晋胜燕亡而宣告结束。

此战中，刘裕之所以能够取胜，主要在于他既了解自己，也了解敌人，还深切地意识到了地形对于己方的利弊。他正确地分析了南燕政权贪婪、目光短浅的特点，并由此料定慕容超不会凭险固守大岘山，于是果断选择了一条捷径直入敌国腹地，大大缩短了战争进程。这正是孙子所说的“料敌制胜，计险阨远近，上将之道也”。

南燕骑兵善于在平原上作战，而晋军步兵在平原作战容易被骑兵冲垮。根据这一情况，刘裕将车阵这一古老的作战队形与战法运用到战争中，组成了一个步、骑、车兵相结合的阵势，从而有效地克己之短，抑敌之长。在两军对峙的时候，刘裕又及时派兵奇袭敌人薄弱的后方，为最后的胜利奠定了基础。根据敌情灵活制定相应的战略战术，这正是“动而不迷，举而不穷”。

而燕军之所以失败，除了慕容超目光短浅、骄傲自负外，另一个重要原因就是慕容超不懂得利用地形之利而克敌制胜。《地形篇》说：“隘形者，我先居之，必盈之以待敌；险形者，我先居之，必居高阳而待敌。”慕容超弃大岘山之险，放弃了能有力阻击敌人进攻的地形，而选择与敌正面交锋，结果首战失利，不仅丧失了主动权，也严重削弱了军队士气，导致了最后的失败。

黄天荡之战

南宋建立后，宋高宗偏安东南一隅，并无收复失地之志。这时，金人仍然穷追不舍，屡次侵袭宋境。南宋建炎三年（1129年）十月，金兀术（本名完颜宗弼）统兵南下，深入长江流域，并攻破建康，接着又攻破都城临安。宋高宗赵构坐船一直逃到海上，这才没有成为金军的俘虏。在大肆烧杀掳掠之后，金军于第二年开始北撤。

抗金名将韩世忠闻讯，急忙率水军八千，于三月十五日先期赶至镇江，将金军阻截于焦山、金山之间。此后，双方在长江之上展开激战。韩世忠的夫人梁红玉亲自披挂上阵，擂鼓助威，宋军士气大振，奋勇争先，重挫金军。金军溯江而上，韩世忠在后面紧追不舍，且战且行。

在宋军的阻击下，金军进入了河道湮塞的黄天荡。

黄天荡位于长江下游，原本是江中一条断港，后来河道湮塞，有进无出。金军对江南水道不熟，误入此处，进退不得。金兀术无计可施，只得向韩世忠表示，愿意献出在江南掠夺的所有财物，买路渡江，结果被韩世忠严词拒绝。金军被困在黄天荡达四十八天，眼看就要全军覆没。这时宋军的一名叛徒向兀术献上一计，指引金兵一夜之间凿通黄天荡背面的老鹳河故道，该河道长达三十里，直通秦淮河。金军于四月十二日逃出黄天荡，反居宋军上游。

此时，金军援兵也赶到真州接应，金兀术于是决定折返黄天荡，与韩世忠军进行决战。韩世忠水军多海舰，船身高大，稳定性好，攻击力强。为了发挥己军这一优势，韩世忠命令工匠赶制了许多用铁链联结的大挠钩，又从水兵中挑选身体健壮者反复练习大挠钩的使用方法，用以对付金军的小战船。

金兀术得到消息后，经过仔细研究，决定在战船内装土，上铺木松，两舷凿洞安置桨棹，等到无风时出击，然后用火箭射向宋军大船的篷帆。船内装土，可以让船在水面上更加稳定，不易倾覆；铺上木板，可以使对方无处下钩；风平浪静时出击，一方面能克服小船不耐风浪的弱点，一方面更能发挥其机动灵活的优势。而宋军战船体积大，无风难以行动，进退不灵活，反而成了火攻的好对象。

黄天荡一役，宋军果然大败，战船多被焚毁。尽管宋军在这一战中失败，但也沉重打击了金军的嚣张气焰，此后三十年内，金军再未大规模南下。

黄天荡一战，宋军先利用黄天荡易进难出的地形，以八千水军成功阻击十万金军渡江；后来金军逃出包围，并针对宋朝水师的特点制定了有针对性的策略，扳回了一局。由此可见，能够影响战场形势的因素很多，甚至任何一个因素都可能改变战局，绝不容忽视。地形终究只是辅助，不可过分依赖地利。将领能够审时度势，扬长避短，才是克敌制胜的最大法宝。

商业案例

人心换人心

孙子提出过“视卒如爱子”的观点，这一观点在社会生活以及商业领域也同样适用。

蔡元培做北大校长的第一天，校工恭恭敬敬地站在学校马路两侧，向他们的校长致敬。这时，蔡元培下了马车，向校工们鞠躬回礼，在场所有的人都惊呆了，因为当时的官办学校里等级森严，校长与高高在上的官吏没有区别。蔡元培向校工致敬的做法，无疑是对大学官僚制度的一大挑战。蔡元培的一个微小动作，开启了北大的新风气和新时代。

现代企业都讲求员工的忠诚。对于智慧的企业管理者来说，要求员工忠诚并不困难，不过是个人心换人心的问题。某著名大型企业举行员工集体婚礼，所有领导包括总裁亲自为员工开车迎亲，总裁亲自主持婚礼，为新人们送上祝福。在全体员工的努力下，这家企业在该行业领域中逐渐脱颖而出，并一举成为龙头老大。

在企业管理中，领导要关心、爱护员工，就像对待自己的家人一般，这样，员工也会尊敬、热爱领导，把企业当成自己的家，并在工作中努力做出成绩，生产出高质量的产品，以回报领导的关爱，企业也会因此而兴旺发达起来了。某知名企业“以信为本、以和为贵”的主流文化，追求的就是一种和谐发展，以人为本的境界，把“人和”看作是和谐的基础，强调“人和”是企业的灵魂，让员工在企业中从事工作时找到家的感觉，让每个人的价值都能得到充分发挥。

名家论《孙子兵法》

自然因素，就是孙子所说的“天”与“地”。任何战争都是在一定的时空范围内进行的，必然要受到自然条件的影响。孙子说，“夫地形者，兵之助也”，地形的“远近、险易、寒暑、时制”等天候条件，它不仅对一般的军事行动有影响，对古代火攻的实施，作用更为直接。因此，《孙子》认为巧妙地利用自然环境，趋利避害，也是构成战力的重要方面。

从军事地形学的角度说，孙子对他所认识到的地面空间进行了具体的分析，并且归纳出一个精辟的结论：“地形者，兵之助也。”（《地形》）从军事地理学的角度说，孙子对他所认识的地理环境，从自然地理和人文地理的结合上论述了其在战争中的地位和作用。他的名言“知己知彼，胜乃不殆；知天知地，胜乃可全”（《地形》），以及他在论述“五事”、“七计”时讲的“天地孰得”，都是从战略高度强调地理对于克敌制胜的重要作用的。

——李零

【点评】

古代的战争大多数是在陆地与水面上进行的，因此，地形往往对战争的成败有着重要的意义。在《地形篇》中，孙子开门见山地总结了六种地形："通""挂""支""隘""险""远"。对每种地形孙子都从敌我两个角度考虑其利弊，以及该如何应对。这些缜密而周详的思考不但反映出孙子对于战争规律孜孜不倦、必穷其理的精神，更体现着孙子朴素的辩证思想。

地形是客观存在的，对于各种地形条件的正确认知和运用，是将帅们最重大的责任之一。正如孙子所说，是"将之至任，不可不察也"。很多情况下，地形条件会对战争的胜负产生导向意义，在某些情况下更是直接决定着战争的胜负。

如果说地形是客观存在的，是不能轻易变化的，那么将帅们对于军队的指挥，对于战法的运用，对于部队的治理就是主观能动的，是随时都可以变化和调整的。在这一层面上，孙子讲述了因为将帅的失误或无能而导致军队失败的六种情况："走""驰""陷""崩""乱""北"。他强调："凡此六者，非天之灾，将之过也。"

虽然战争的结果最终是由某些深层次的原因决定的，如人心向背等，但这里讨论的是用兵治军之法，因此只能将战争的胜负定义在有限的范围之内，探讨的是用兵治军之法对于战争的意义与影响。而在通常情况下，将帅对军队的指挥以及平日里对军队的治理，可以理解为是决定战争胜负的决定性因素。

而在现实生活中，总会有人做你的上级，或者你去当别人的上级。如果上司无能，自己干起活来肯定满腹牢骚。自己当上司，如果管理不善，只会让下属白流汗水，下属同样会怨恨不服。这样看来，“将帅无能，累死三军”的说法是很有道理的。因此，做上级的人并非像很多人想象的那样轻轻松松且风光无限，他们往往需要具备更强的能力，还要承担比部下更重大的责任。

在本篇当中，孙子还论述了将帅爱护士卒所应掌握的尺度。他首先对将帅应该爱护士卒予以肯定，他说：“视卒如婴儿，故可与之赴谿；视卒如爱子，故可与之俱死。”但将帅对士卒的爱护又不同于父母对婴儿的爱护：父母对于婴儿的爱护是无私的，是不要求任何回报的；而将帅对于士卒的爱护则是为了让他们与自己同生共死，这其实是对人心的一种利用。

然而，即便是以恩惠制人，也要掌握尺度。如果施加恩惠而使自己的威严受损，那还不如不施加恩惠。如果士兵因为将帅的爱护而模糊了“将”与“士”之间的界限，那么他们就很可能会产生以下犯上、不服从命令等情绪。这是将帅们需要注意避免的。孙子说“厚而不能使，爱而不能令，乱而不能治，譬若骄子，不可用也”，说的就是这个问题。这段话，也为天下所有为人父母者敲响了警钟，“棍棒底下出孝子”固然不可取，“娇儿不孝”也应该谨记。关爱而不骄纵，引导孩子健康成长，才是正确的教育方式。